작고 예쁜 크로셰 레이스 모티브 *100*

Crochet Lace Motif

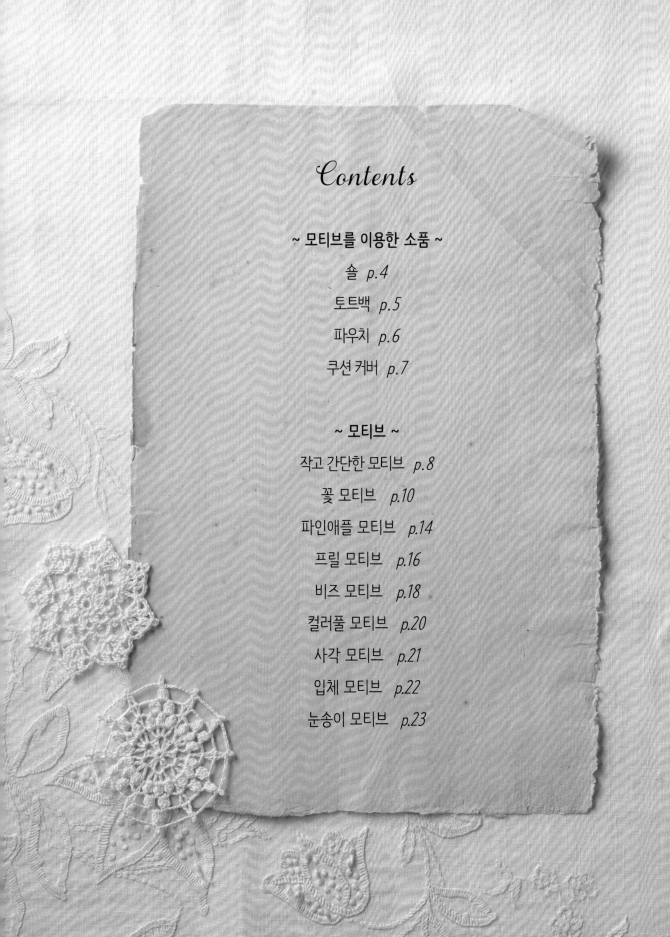

Contents

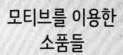
모티브를 여러 개 연결하거나 테두리와 손잡이를 떠서
다양한 소품으로 활용할 수 있습니다.
모티브 작품을 응용하여 레이스뜨기를 즐겨보세요.

숄

How to make ⟶ p.89

작품 41의 모티브(p.60)를 내추럴한 컬러의 실로 뜬 숄은
자연스러우면서도 우아한 느낌을 주어
초대받은 자리에도 잘 어울리는 세련된 소품이 됩니다.

[Yarn] 세베리아 10번

토트백

How to make ⟶ p.87

입체적인 꽃 모티브가 귀여운 토트백은 오프화이트 실로 떴으며
오래도록 소중하게 사용하고 싶은 가방입니다.

[Yarn] 세베리아 10번

파우치

How to make ⟶ p.86

들고 있기만 해도 뿌듯한 레이스 파우치.
매일 가지고 다니고 싶어지는 소품입니다.

[Yarn] 세베리아 20번

쿠션 커버

How to make ⌐ p.90

인내심을 발휘해 꼭 완성하고 싶은 40cm 사각 쿠션 커버.
소파나 침대에 장식하면 앤티크한 분위기를 연출할 수 있습니다.

[Yarn] 세베리아 10번

1
→ p.48
지름 10cm

2
→ p.48
지름 10cm

3
→ p.48
지름 10cm

4
→ p.48
지름 9.8cm

[Yarn] 세베리아 10번

5
→ p.49
지름 5cm

8
→ p.49
지름 5cm

6
→ p.49
지름 5.5cm

7
→ p.49
지름 5cm

9
→ p.49
4.5cm×5.5cm

[Yarn] 세베리아 20번

꽃 모티브
~ Flowers ~

11
p.50
지름 10cm

10
p.50
지름 10cm

13
p.50
지름 10cm

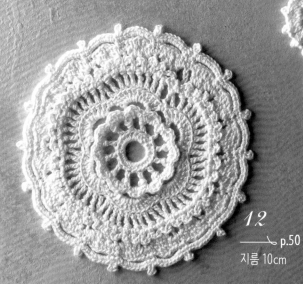

12
p.50
지름 10cm

[Yarn] 세베리아 10번

14

⌐ p.51

가로·세로 9.5cm

15

⌐ p.51

지름 10cm

16

⌐ p.51

지름 10cm

17

⌐ p.51

지름 10cm

[Yarn] 세베리아 10번

18
→ p.52
지름 5.5cm

19
→ p.52
지름 7cm

20
→ p.52
지름 6.5cm

21
→ p.52
지름 7cm

22
→ p.52
가로·세로 7cm

[Yarn] 세베리아 20번

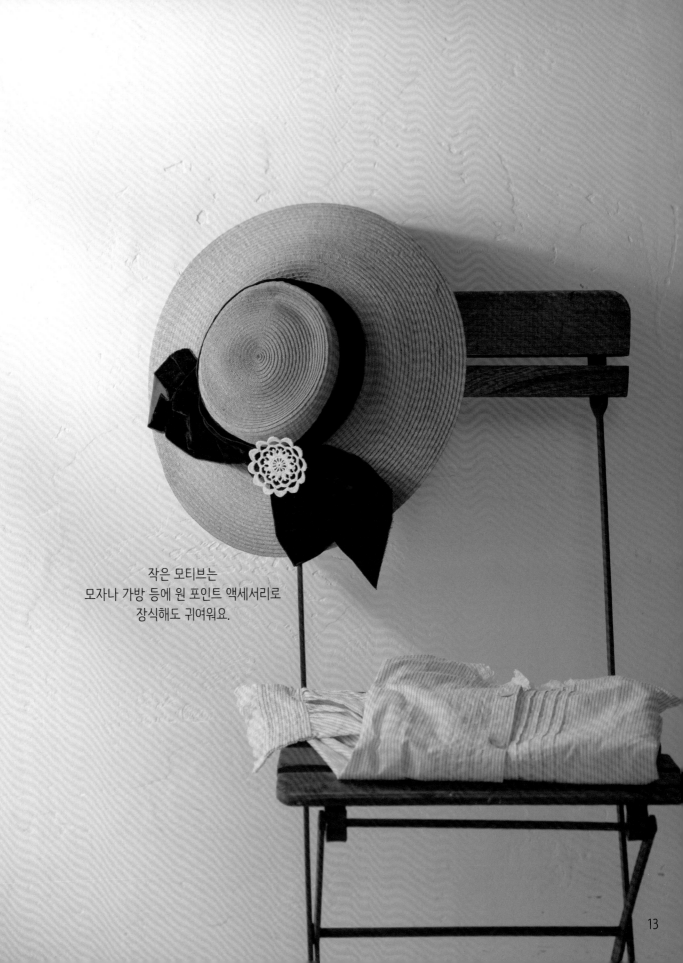

작은 모티브는
모자나 가방 등에 원 포인트 액세서리로
장식해도 귀여워요.

23

→ p.53

가로·세로 10cm

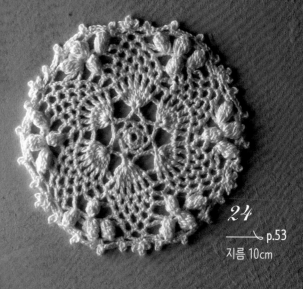

24

→ p.53

지름 10cm

25

→ p.54

9.5cm×10.5cm

26

→ p.54

9cm×10cm

[Yarn] 세베리아 10번

28
⟶ p.55
지름 6cm

27
⟶ p.55
지름 5.5cm

29
⟶ p.55
가로·세로 6.5cm

30
⟶ p.55
지름 6cm

31
⟶ p.56
가로·세로 5.5cm

[Yarn] 세베리아 30번

32
p.57
지름 10cm

35
p.58
지름 10cm

33
p.56
가로·세로 10cm

34
p.57
지름 10cm

[Yarn] 32·34 세베리아 20번 / 33·35 세베리아 30번

입체감이 느껴지는 아름다운 프릴 모티브는
꽃병이나 향수병 아래 깔아서
작은 공간을 화려하게 수놓아 주세요.

비즈 모티브
~ Beads ~

36
p.59
지름 10.5cm

37
p.59
지름 10cm

38
p.59
지름 10cm

39
p.59
지름 10cm

[Yarn] 세베리아 10번

가장자리에 비즈를 단 모티브.
컵 받침으로 사용하면 식탁이 훨씬 고급스러워져요.

컬러풀 모티브
~ Colorful ~

40
——→ p.60
11cm×9.5cm

41
——→ p.60
지름 10cm

42
——→ p.60
지름 10.5cm

43
——→ p.60
가로·세로 10cm

[Yarn] 세베리아 10번

사각 모티브
~ Square ~

44
→ p.61
가로·세로 10.2cm

45
→ p.61
가로·세로 10cm

46
→ p.62
가로·세로 10cm

47
→ p.62
가로·세로 10.5cm

[Yarn] 세베리아 10번

48

⟶ p.63
지름 10.8cm

49

⟶ p.63
8.5cm×9.8cm

51

⟶ p.65
9.5cm×10.7cm

50

⟶ p.64
지름 10cm

[Yarn] 세베리아 20번

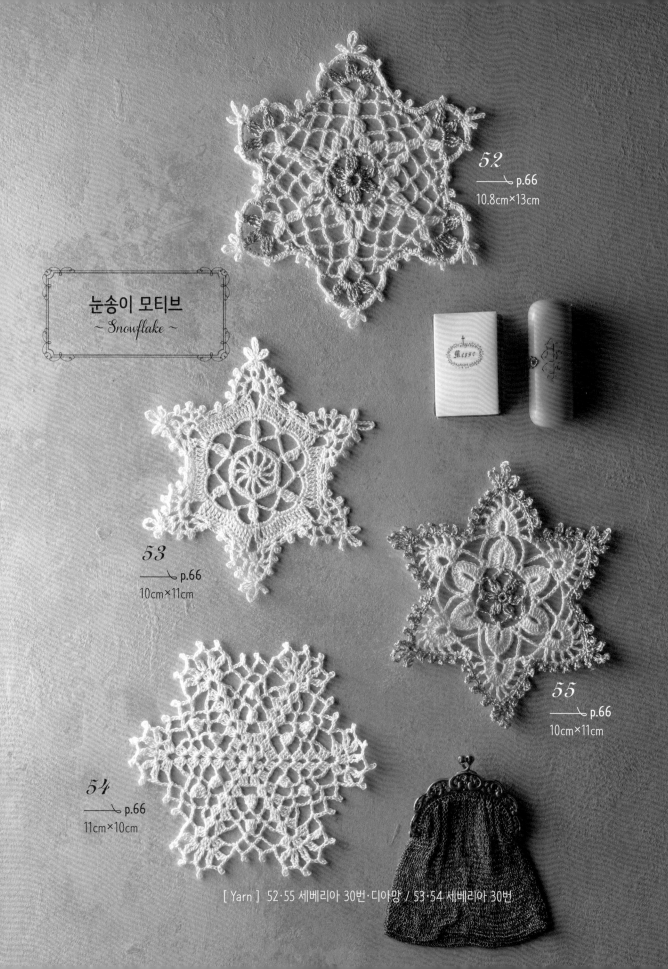

눈송이 모티브
~ *Snowflake* ~

52
→ p.66
10.8cm×13cm

53
→ p.66
10cm×11cm

55
→ p.66
10cm×11cm

54
→ p.66
11cm×10cm

[Yarn] 52·55 세베리아 30번·디아망 / 53·54 세베리아 30번

23

실루엣 모티브
~ Silhouette ~

57
→ p.67
지름 9.5cm

56
→ p.67
지름 11cm

59
→ p.68
지름 10.5cm

58
→ p.68
지름 10cm

[Yarn] 세베리아 20번

동물과 식물의 실루엣을 표현한 모티브는
그림처럼 액자에 넣고 벽에 걸어 보세요.

하트 모티브
~ Heart ~

60
→ p.69
지름 5cm

61
→ p.69
5.2cm×5cm

62
→ p.69
5.5cm×5cm

63
→ p.69
5.3cm×5cm

[Yarn] 세베리아 30번

64
→ p.70
지름 9.7cm

65
→ p.70
지름 7cm

[Yarn] 세베리아 20번

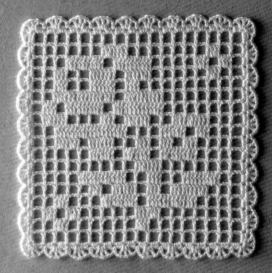

모눈뜨기 모티브
~ Filet Crochet ~

66

→ p.71
가로·세로 10cm

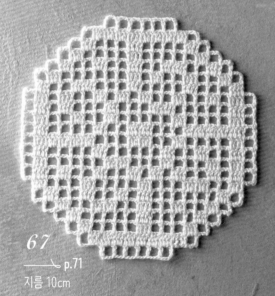

67

→ p.71
지름 10cm

[Yarn] 세베리아 20번

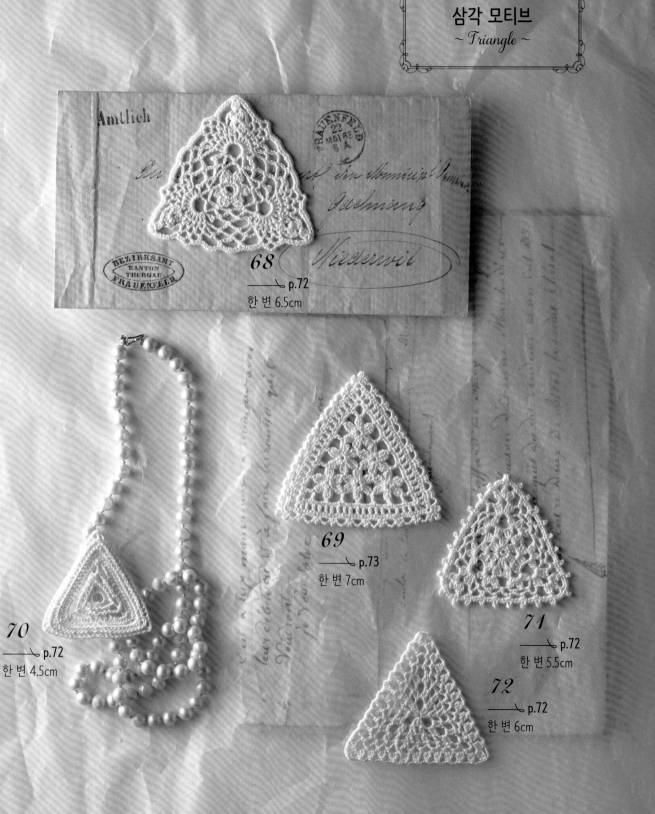

삼각 모티브
~ Triangle ~

68
↳ p.72
한 변 6.5cm

69
↳ p.73
한 변 7cm

71
↳ p.72
한 변 5.5cm

70
↳ p.72
한 변 4.5cm

72
↳ p.72
한 변 6cm

[Yarn] 세베리아 30번

잔꽃 모티브
~ Tiny Flowers ~

73
→ p.74
지름 15cm

74
→ p.74
지름 15cm

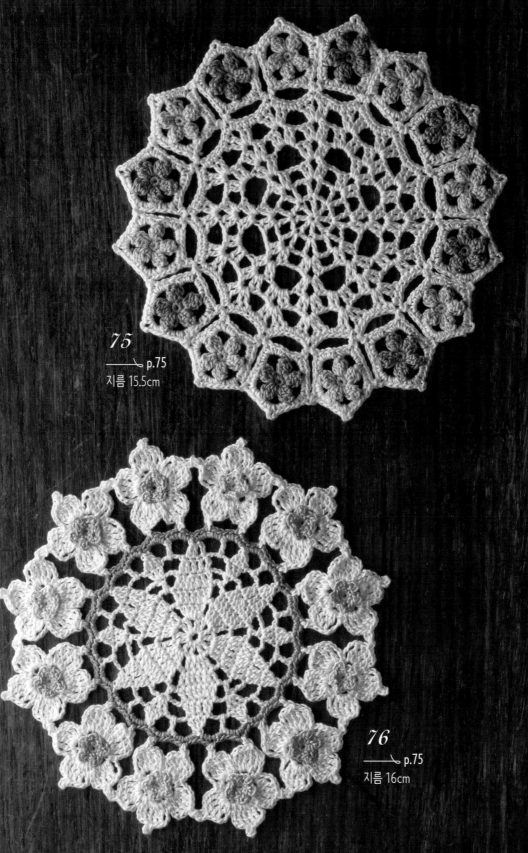

75

→ p.75

지름 15.5cm

76

→ p.75

지름 16cm

[Yarn] 세베리아 10번

연결 모티브
~ Motif Connection ~

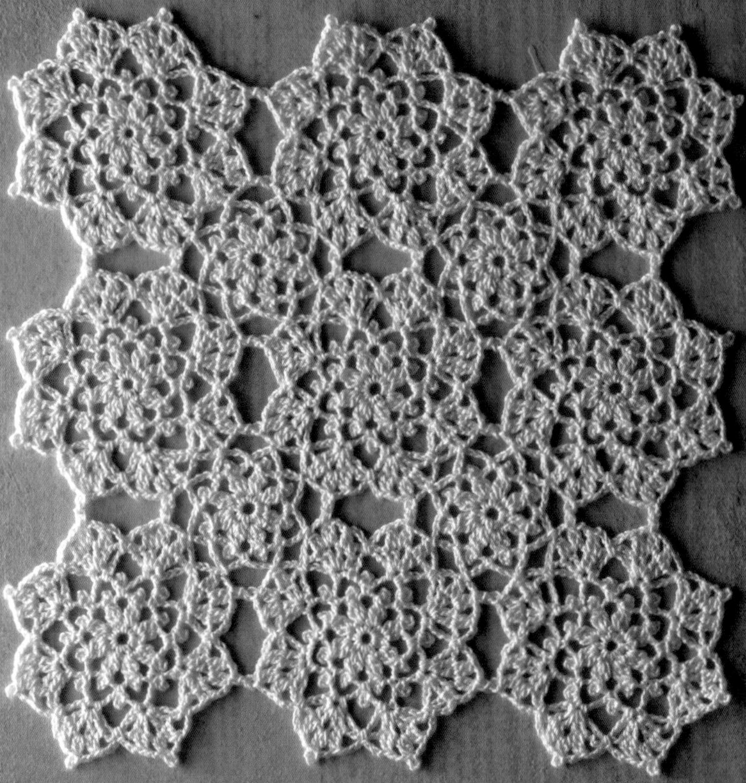

77

p.76

15.5cm×15.5cm

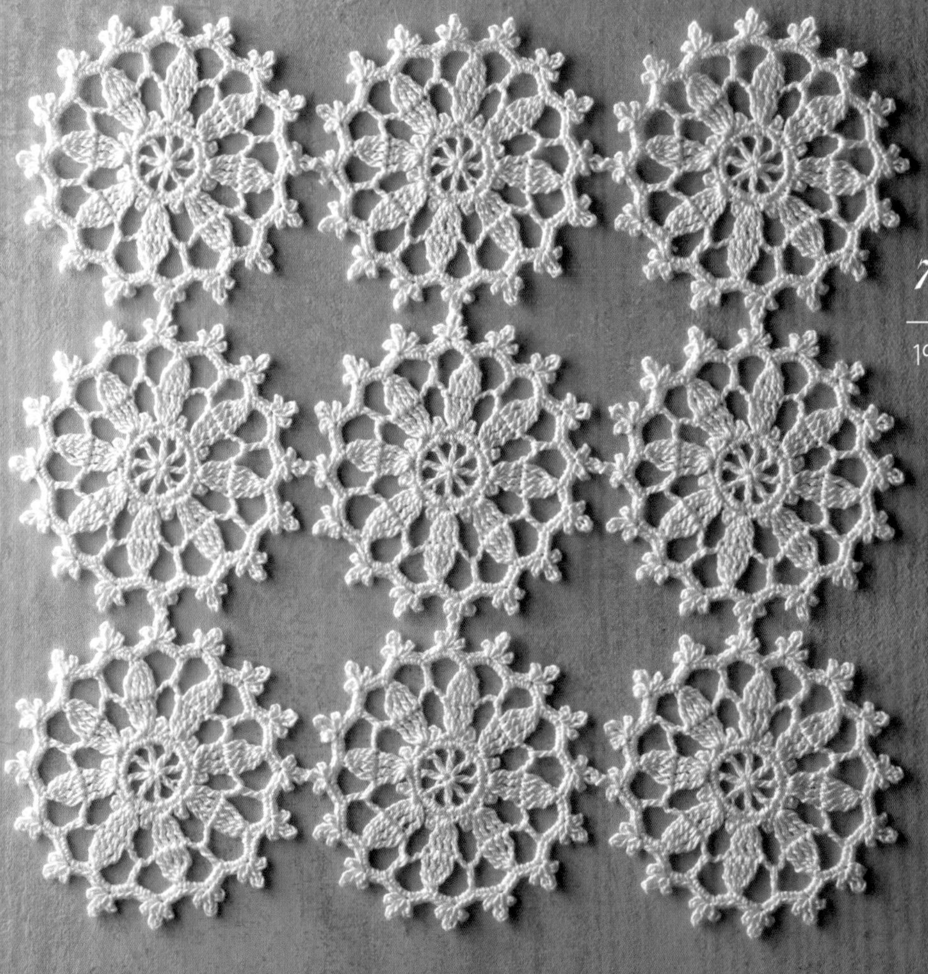

78

p.77

19.5cm×19.5cm

[Yarn] 세베리아 20번

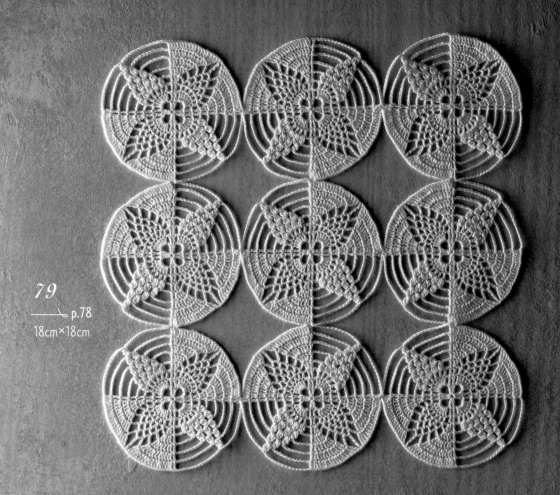

79

→ p.78

18cm×18cm

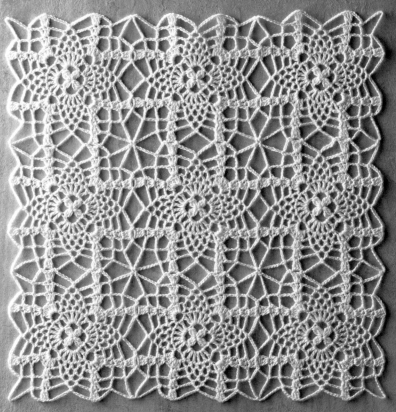

80

→ p.79

16.5cm×16.5cm

[Yarn] 세베리아 30번

33

81
→ p.80
15cm×13.5cm

82
→ p.80
14.5cm×12cm

[Yarn] 세베리아 20번

타원형 모티브는 액세서리를 올려두거나,
사진 액자 아래에 깔아 두면
한층 매력이 살아납니다.

아이리시 미니 모티브
~ Irish Mini Motif ~

83~92 ⌒ How to make / p.81

[Yarn] 세베리아 10번

아이리시 레이스풍의 미니 모티브로
원피스나 스커드 등을 사랑스럽게 징식해 주세요.

아이리시 모티브
~ Irish Motif ~

[사용한 미니 모티브]

93
→ p.82
9.5cm×8.5cm

94
→ p.82
10cm×8.5cm

[Yarn] 세베리아 10번

[사용한 미니 모티브]

95
— p.83
지름 9.7cm

96
— p.83
지름 9.5cm

[Yarn] 세베리아 10번

[사용한 미니 모티브]

97
→ p.84
가로·세로 9.5cm

98
→ p.83
가로·세로 9.5cm

[Yarn] 세베리아 10번

99
→ p.84
지름 13.5cm

[사용한 미니 모티브]

100
→ p.85
지름 19cm

[Yarn] 세베리아 10번

실과 도구 소개
Material Guide

(사진은 실물 크기)

~실~

[D·M·C 주식회사]

1) CÉBÉLIA(세베리아) 10번
    면 100%, 50g, 약 270m, 39색, 레이스용 코바늘 0~2호

2) CÉBÉLIA(세베리아) 20번
    면 100%, 50g, 약 410m, 39색, 레이스용 코바늘 2~4호

3) CÉBÉLIA(세베리아) 30번
    면 100%, 50g, 약 540m, 39색, 레이스용 코바늘 4~6호

4) Diamant(디아망)
    레이스용 코바늘 4~6호, D3821·D3852·D168·D415·D301=레이온 72%·폴리에스테르 28%, D140=레이온 89%·폴리에스테르 11%, D5200·D317·D321·D699·D310=폴리에스테르 100%, 약 35m, 13색

* 색상 수 등 제품 정보는 제품 출시 시기에 따라 달라질 수 있습니다.
* 완성 사진으로 보이는 색상은 인쇄된 색상이므로 실제 실의 색상과 다를 수 있습니다.
* 실 제공 회사 정보는 p.96을 참조하십시오.

~도구~

1)
2)
3)
4)

레이스용 코바늘
바늘의 굵기는 호수로 나타내고 호수가 클수록 가늘어진다. 굵은 레이스 실을 사용할 때는 모사용 코바늘을 사용해도 된다.

돗바늘
뜨개질을 마무리할 때 사용한다. 바늘 끝이 둥근 십자수용 바늘을 추천.

가위
세세한 부분을 자르기 쉬운 수예용 가위를 사용하면 좋다.

{ 블로킹에 필요한 도구 } *사용법은 p.44 참조

실크 핀, 스프레이 풀, 수건, 세면기, 블로킹용 대지, 트레이싱 페이퍼, 다리미, 다리미판

앞쪽 반 코 또는 뒤쪽 반 코를 주워 뜨는 방법

앞쪽 반 코를 주워 뜨는 경우

1 화살표 방향으로 바늘을 넣어 전단의 앞쪽 반 코(1가닥)만 주워 뜬다.

2 앞쪽 반 코만 주우며 1단을 뜬 상태. 편물 안쪽에는 주워 뜨지 않은 뒤쪽 반 코(1가닥)가 남아 있다.

남아 있는 뒤쪽 반 코를 주워 뜨는 경우

1 전단을 앞으로 접어 내리듯이 기울이고 화살표처럼 바늘을 넣어 전전단의 남아 있는 뒤쪽 반 코(1가닥)를 주워 뜬다.

2 뒤쪽 반 코를 주우며 뜨개질을 좀 더 진행한 상태. 편물이 앞과 뒤로 나뉘어 두 겹으로 떠진다.

뒤쪽 반 코를 주워 뜨는 경우

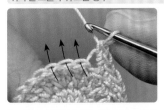

1 화살표 방향으로 바늘을 넣어 전단의 뒤쪽 반 코(1가닥)만 주워 뜬다.

2 뒤쪽 반 코를 주우며 1단을 뜬 상태. 주워 뜨지 않은 앞쪽 반 코(1가닥)가 남아 있다.

남아 있는 앞쪽 반 코를 주워 뜨는 경우

1 화살표 방향으로 바늘을 넣어 남아 있는 앞쪽 반 코를 주워 뜬다.

2 남아 있는 앞쪽 반 코를 주우며 뜨개질을 좀 더 진행한 상태. 편물이 앞과 뒤로 나뉘어 두 겹으로 떠진다.

모티브를 연결하는 방법

사슬을 감싸서 빼뜨기로 연결 *여기에서는 작품80(p.79)으로 해설

1 2번째 모티브를 뜨다가 1번째 모티브와의 연결 지점에서 1번째 모티브에 화살표와 같이 바늘을 넣는다. *작품에 따라 사슬을 감싸서 뜨지 않고 사슬의 코에 바늘을 넣어 뜨는 경우(작품 64)도 있다.

2 바늘 끝에 실을 걸고 끌어당겨 바늘에 걸린 고리까지 한 번에 빼낸다(a). 2장의 모티브가 연결된 상태(b).

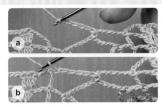

3 도안을 참조해서 2번째 모티브를 계속해서 떠 나간다. 즉, 사슬 6을 뜨고(a), 전단의 다음 그물의 사슬을 감싸서 짧은뜨기를 뜬다(b).

여러 장의 모티브를 빼뜨기로 연결

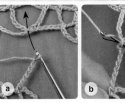

4 4번째 모티브를 뜨다가 1, 2번째 모티브를 연결한 곳까지 오면 두 모티브를 연결하며 뜬 빼뜨기의 다리 2가닥 사이에 화살표(a)와 같이 바늘을 넣는다. 바늘에 실을 걸고 당겨서 바늘에 걸린 고리까지 한 번에 빼낸다(b). 이렇게 뜨면 연결 부분이 너무 굵어지지 않는다.

바늘을 뺐다가 연결 *여기에서는 작품79(p.78)로 해설

1 2번째 모티브를 뜨다가 연결 위치까지 왔을 때 바늘을 고리에서 뺀 다음, 화살표와 같이 1번째 모티브의 코(머리 사슬)에 바늘을 넣고 2번째 모티브의 고리가 바늘 끝에 걸리도록 바늘을 끼운다.

2 바늘 끝에 걸린 고리를 당겨서 완전히 빼낸다.

3 두 모티브가 연결된 상태. 도안을 참조해 다음 뜨개(한길긴뜨기)를 뜬다.

4 한길긴뜨기를 뜬 상태. *작품 90의 경우 모티브를 연결한 후 짧은뜨기를 뜨게 된다.

43

전단의 팝콘뜨기 코에 뜨는 법

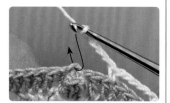

1 팝콘뜨기의 마지막에 뜬 사슬 아래에 화살표처럼 바늘을 넣어 다음 뜨개를 뜬다.

2 다음 뜨개를 뜬 상태

뜨개질 마무리 방법

 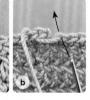

1 마지막까지 뜬 다음 실을 20cm 정도 남기고 자른다. 돗바늘에 실을 꿰고 단의 두 번째 코 머리 사슬에 바늘을 통과(a)시켜 뺀 다음, 마지막 코에 화살표와 같이 바늘을 끼운다(b).

2 바늘을 끼운 상태(a). 바늘을 당겨서 첫 코의 머리 사슬과 사슬의 크기가 같아질 때까지 사슬을 조인다. 새로 만든 사슬이 첫 코를 덮으며 마지막 코와 이어진다.

3 남은 실 끝은 편물을 뒤집어서 마지막 단의 뒷산으로 바늘을 통과시켜 숨긴다.

그물뜨기의 경우

1 마지막 그물뜨기에서 사슬을 1개 적게 뜬 후(원래 사슬 5개라면 4개만 뜬 후) 실을 20cm 정도 남기고 자른다. 돗바늘에 남긴 실을 꿰고 화살표와 같이 마지막 단의 첫 코 → 마지막 그물뜨기 마지막 사슬(여기서는 4번째 사슬) 순으로 바늘을 넣는다.

2 바늘을 당겨 빼서 마지막 그물의 마지막 사슬을 만들어준다.

3 남아 있는 실 끝은 편물을 뒤집어서 마지막 단의 뒷산으로 바늘을 통과시켜 숨긴다.

모티브 세척 및 블로킹 방법

1 세면기에 물을 담고 세탁 세제를 풀어 녹인 다음 작품을 담근다. 오염된 얼룩 등을 손으로 주물러 씻어낸 다음, 물을 바꾸고 잘 헹군다.

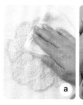

2 마른 수건에 작품을 올리고 손으로 눌러 물기를 제거해 반건조 상태로 만든다(a). 이때 정렬이 어긋나는 부분이 있으면 손으로 늘려 조정해 준다(b).

3 블로킹용 대지 위에 트레이싱 페이퍼를 올린다.

4 3 위에 작품을 올리고 주요 꼭지 부분에 실크 핀을 꽂는다(a). 핀을 꽂은 사이 사이에 촘촘하게 핀을 더 꽂아준다(b). 큰 작품의 경우 안쪽, 바깥쪽, 가장자리 등 몇 단계로 나누어 핀을 꽂으면 좋다.

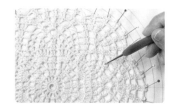

5 작품의 형태를 다듬는다. 세세하게 형태를 관찰하여 어긋나 있는 부분이 있으면 레이스용 코바늘이나 돗바늘 등으로 움직여 형태를 잡는다.

6 다리미를 올리고 스팀을 쐬어준다.

7 작품이 마르기 전에 전체에 스프레이 풀을 뿌린다. 완전히 마르면 핀을 제거하고 완성한다.

8 큰 모티브를 보관해 둘 때는 얇은 종이와 함께 랩 심 등에 감아 두면 모양이 망가지지 않고 깔끔하게 보관할 수 있다.

※Point Lesson의 따라하기 과정 사진들은 이해를 돕기 위해 실제 작품에서 사용된 실이 아닌 다른 종류의 실과 색상으로 바꾸어 설명하고 있습니다.

12 — Photo / p.10　How to make / p.50

8단 (전전단의 두길긴뜨기에 두길긴뜨기 뒤걸어뜨기)

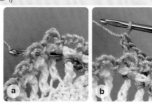

1 바늘에 실을 2번 감고 화살표처럼 바늘을 넣어 전전단의 두길긴뜨기 다리를 줍는다.

2 바늘 끝에 실을 걸고(a), 두길긴뜨기를 뜬다(b).

9단 (전전단의 두길긴뜨기 2코 모아뜨기에 두길긴뜨기 뒤걸어뜨기)

1 바늘에 실을 2번 감고, 전전단의 두길긴뜨기 2코 모아뜨기의 다리를 화살표처럼 줍는다.

2 두길긴뜨기를 뜬다.

37 — Photo / p.18　How to make / p.59

6단

1 짧은뜨기를 뜬 다음 실에 비즈 5개를 꿴다(a). 바늘 끝에 실을 걸어 화살표와 같이 당겨 뺀다(b).

2 실을 당겨 뺀 상태(a). 계속해서 짧은뜨기를 뜬다(b). 비즈를 꿰고 뜰 때 느슨해지지 않도록 촘촘하게 뜬다.

39 — Photo / p.18　How to make / p.59

12단

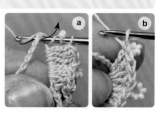

1 두길긴뜨기를 뜬 다음 실에 비즈 5개를 꿰고, 바늘에 실을 2번 감고 화살표와 같이 바늘을 넣는다.

2 바늘에 실을 걸어 빼고(a) 두길긴뜨기를 완성한다(b). ※구슬을 꿰기 전 바늘에 걸려 있던 고리가 느슨해지지 않도록 손가락으로 눌러 주면 좋다.

38 — Photo / p.18　How to make / p.59

6단

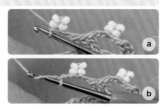

1 사슬 2개를 뜬 다음 실에 비즈 4개를 꿰고 바늘 끝에 실을 걸어 화살표와 같이 당겨 뺀다.

2 실을 뺀 상태(a). 계속해서 사슬 2개를 뜬다(b). 비즈를 꿰고 뜰 때 느슨해지지 않도록 촘촘하게 뜬다.

7단

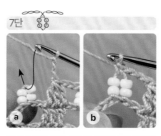

전단에 넣은 비즈 4개 중 2개와 2개 사이에 화살표와 같이 바늘을 넣고(a) 짧은뜨기를 뜬다(b).

8단

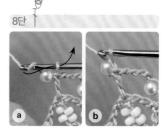

한길긴뜨기를 뜬 후, 비즈 1개를 꿰고 바늘 끝에 실을 걸어 화살표(a)처럼 당겨 뺀다. b는 실을 당겨 뺀 상태.

67 — Photo / p.28　How to make / p.71　**모눈뜨기의 코 늘리는 법**

2단의 끝

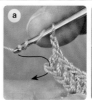

1 전단의 기둥코 3번째 사슬에 한길긴뜨기를 뜬 다음 바늘에 실을 2번 감고 화살표처럼 같은 코에 바늘을 넣어(a) 두길긴뜨기를 뜬다(b).

2 바늘에 실을 2번 감고, 화살표와 같이 방금 뜬 두길긴뜨기 다리의 실 2가닥에 바늘을 넣는다.

3 두길긴뜨기를 뜬다. 같은 방법으로 두길긴뜨기를 한 번 더 뜬다.

4 사슬 2개를 뜨고, 바늘에 실을 3번 감은 다음 화살표처럼 방금 뜬 두길긴뜨기 다리의 2가닥에 바늘을 넣고(a) 세길긴뜨기를 뜬다(b).

2단

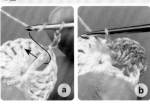

1 기둥코 사슬 3개를 뜨고, 1단의 두길긴뜨기 다리를 화살표처럼 주워(a) <한길긴뜨기 4 → 긴뜨기 1 → 짧은뜨기 1>을 뜬다(b).

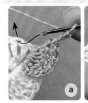

2 편물을 돌려 <사슬 1+짧은뜨기 1>을 5번 반복하여 뜬 다음 사슬 3을 뜨고 1단의 두 번째 두길긴뜨기 코에 화살표(a)와 같이 바늘을 넣어 빼뜨기 한다(b).

3 1, 2를 반복하며 2단을 모두 떠 10번째 꽃주름의 마지막 짧은뜨기까지 뜨면, 1단의 마지막 빼뜨기 코를 주워 한길긴뜨기를 뜬다.

3단

1 기둥코 사슬 4개를 뜨고 바늘에 실을 2번 감아 2단의 3-사슬 아래에 화살표(a)처럼 바늘을 넣고 두길긴뜨기를 뜬다(b).

2 도안을 참조하여 계속해서 뜬다. 사진은 3단을 모두 뜬 상태.

6단

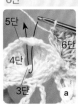

5단 6단 4단 3단

6단에서 뜨는 짧은뜨기는 화살표(a)처럼 4단의 두길긴뜨기 사이로 뒤에서 바늘을 넣어 3단의 사슬을 감싸서 뜬다(b).

8단

5단

1 5단 사슬을 앞으로 접어 내리고 4단의 사슬 피코에 화살표처럼 바늘을 넣어(a) 새 실을 연결하고, <기둥코 사슬 1+짧은뜨기 1>을 뜬다(b).

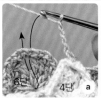

6단 4단

2 3단 사슬 피코에 뜨는 짧은뜨기는 6단 두길긴뜨기 사이에 화살표처럼 바늘을 넣고(a) 사슬을 감싸서 뜬다(b).

8단을 뜬 상태

4단

1 2단의 한길긴뜨기 다리에 화살표(a)처럼 바늘을 넣어서 두길긴뜨기 앞걸어뜨기를 뜨고, 사슬 2개를 뜬 후에 2단의 한길긴뜨기 머리 사슬에 화살표(b)처럼 바늘을 넣어서 한길긴뜨기를 뜬다.

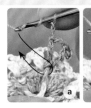

2 계속해서 사슬 2를 뜬 다음 화살표(a)와 같이 앞서 두길긴뜨기 앞걸어뜨기를 떴던 2단의 한길긴뜨기 다리를 주워 두길긴뜨기 앞걸어뜨기를 뜬다(b).

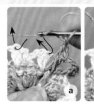

3 3단의 지정된 코를 화살표(a)와 같이 주워 한길긴뜨기 2코 모아뜨기를 뜬다(b).

5단

4단을 앞에 두고 3단의 사슬 아래에 화살표(a)처럼 바늘을 넣어 사슬을 감싸며 한길긴뜨기를 뜬다(b).

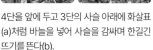

6단

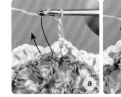

1 ☆ 부분은 4단의 사슬 아래에 화살표(a)처럼 바늘을 넣어 사슬을 감싸서 뜨고, 짧은뜨기는 5단의 사슬 아래에 화살표(b)처럼 바늘을 넣어 사슬을 감싸서 뜬다.

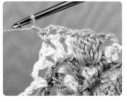

2 <☆ → 사슬 1+짧은뜨기 1 → 사슬 2+짧은뜨기 2+사슬 1>을 모두 뜬 상태.

6단

4단의 두길긴뜨기 다리를 화살표(a)처럼 주워 한길긴뜨기 앞걸어뜨기 2코 모아뜨기를 한다(b).

7단

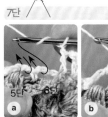

5단 6단

6단을 앞으로 접어 내리고 5단의 사슬 아래에 화살표(a)처럼 바늘을 넣어 사슬을 감싸서 한길긴뜨기 2코 모아뜨기를 뜬다(b).

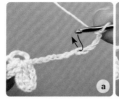

1 사슬 5개로 원형 기초코를 만들고 <사슬 4+기초코 사슬을 감싸며 두 길긴뜨기 1+사슬 4 → 빼뜨기 1>을 뜬 다음 <~>를 한 번 더 반복하고, 사슬 4를 뜬다(a).

2 사슬 9를 뜨고 화살표(a)와 같이 지정된 사슬에 바늘을 넣고 빼뜨기 하여 꽃B의 원형 기초코를 만든다(b).

3 계속해서 <~>를 1번 뜬다.

4 같은 요령으로 도안을 참조하여 꽃A, B, C, D, E, F 순으로 뜬다. (p.73 연속 모티브 도안의 검정색 부분)

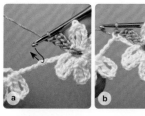

5 꽃F의 6번째 꽃잎을 뜨고 나면, 지정된 사슬에 화살표(a)처럼 바늘을 넣어 빼뜨기 한다(b). 꽃F 완성. ※ 이해를 돕기 위해 6번째 꽃잎에서 실 색을 바꿔 떴다.

6 꽃E의 기초코 원 안에 화살표(a)처럼 바늘을 넣어 두길긴뜨기를 뜬다(b).

7 도안을 참조해 꽃E를 계속해서 뜬다. 사진은 꽃E의 마지막 빼뜨기까지 뜬 상태.

8 꽃D의 3번째 꽃잎을 뜰 때, 꽃E, 꽃F의 지정된 꽃잎과 연결한다. 즉, 사슬 4개를 뜨고 바늘을 뺐다가 화살표처럼 꽃E와 꽃F의 두길긴뜨기 머리 사슬 뒤쪽 반 코를 주우며 바늘을 통과시키고, 쉬어 두었던 고리가 바늘 끝에 걸리도록 바늘을 넣는다.

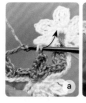

9 바늘 끝에 걸린 고리를 화살표(a)처럼 끌어 당겨 완전히 빼낸다(b).

10 이어서 바늘에 실을 2번 감고 화살표와 같이 꽃D의 기초코 원 안에 바늘을 넣는다.

11 <두길긴뜨기 1+사슬 4 → 빼뜨기 1>을 뜬다.

12 꽃D의 4번째 꽃잎도 꽃F의 지정된 꽃잎과 연결하면서 뜬다. 사진은 꽃D가 완성된 상태.

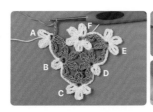

13 도안을 참조해 계속해서 꽃C(a), 꽃B(b)를 뜬다.

14 이어서 꽃A를 뜬다. 5번째 꽃잎을 뜰 때, 꽃F의 지정된 꽃잎과 연결하게 된다. 즉, 사슬 4개를 뜬 다음 바늘을 뺐다가 화살표처럼 꽃F의 두길긴뜨기 머리 사슬 뒤쪽 반 코를 주우며 바늘을 통과시키고 쉬어 두었던 고리가 바늘 끝에 걸리도록 화살표(a)처럼 바늘을 넣은 다음, 바늘 끝에 걸린 고리를 당겨서 완전히 빼낸다(b).

15 꽃A까지 떠서 연속 모티브가 완성된 상태. 이어서 1단을 뜨기 시작한다.

$\mathnormal{1}$ ⌐ Photo / p.8

〔실〕 DMC 세베리아 10번 / 오프화이트(3865) … 5g
〔바늘〕 레이스용 코바늘 2호
〔사이즈〕 지름 10cm

(3~7단)=전단 사슬의 코에
한길긴뜨기를 뜬다

$\mathnormal{3}$ ⌐ Photo / p.8

〔실〕 DMC 세베리아 10번 / 오프화이트(3865) … 4g
〔바늘〕 레이스용 코바늘 2호
〔사이즈〕 지름 10cm

(8단)=전단의 와 사이에
바늘을 넣어 를 뜬다

$\mathnormal{2}$ ⌐ Photo / p.8

〔실〕 DMC 세베리아 10번 / 오프화이트(3865) … 4g
〔바늘〕 레이스용 코바늘 4호
〔사이즈〕 지름 10cm

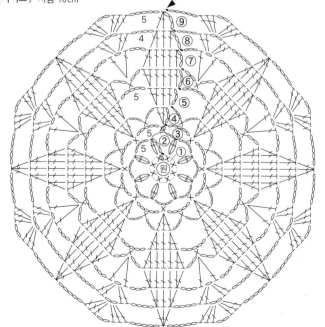

$\mathnormal{4}$ ⌐ Photo / p.8

〔실〕 DMC 세베리아 10번 / 오프화이트(3865) … 3g
〔바늘〕 레이스용 코바늘 6호
〔사이즈〕 지름 9.8cm

48

5 ⌒ Photo / p.9

〔실〕DMC 세베리아 20번 / 오프화이트(3865) ⋯ 1g
〔바늘〕레이스용 코바늘 6호
〔사이즈〕지름 5cm

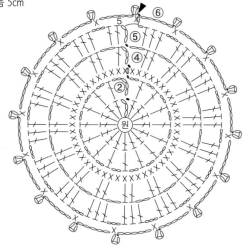

6 ⌒ Photo / p.9

〔실〕DMC 세베리아 20번
오프화이트(3865) ⋯ 2g
〔바늘〕레이스용 코바늘 4호
〔사이즈〕지름 5.5cm

(6단)=4, 5단의 사슬을
감싸서 뜬다

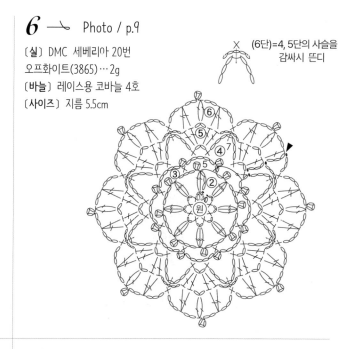

7 ⌒ Photo / p.9

〔실〕DMC 세베리아 20번
오프화이트(3865) ⋯ 2g
〔바늘〕레이스용 코바늘 4호
〔사이즈〕지름 5cm

8 ⌒ Photo / p.9

〔실〕DMC 세베리아 20번
흰색(B5200) ⋯ 1g
〔바늘〕레이스용 코바늘 6호
〔사이즈〕지름 5cm

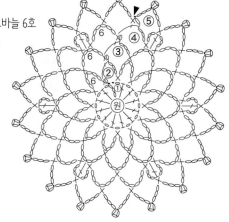

9 ⌒ Photo / p.9

〔실〕DMC 세베리아 20번 / 흰색(B5200) ⋯ 1g
〔바늘〕레이스용 코바늘 6호
〔사이즈〕가로 4.5cm×세로 5.5cm

10 ⌒ Photo / p.10

〔실〕DMC 세베리아 10번 / 오프화이트(3865) ··· 5g
〔바늘〕레이스용 코바늘 4호
〔사이즈〕지름 10cm

☆=전단 사슬의 코를
주워 ●를 뜬다

11 ⌒ Photo / p.10

〔실〕DMC 세베리아 10번
오프화이트(3865) ··· 6g
〔바늘〕레이스용 코바늘 4호
〔사이즈〕지름 10cm

=한길긴뜨기 줄기뜨기

=두길긴뜨기 뒤걸어뜨기

=세길긴뜨기 4코 구슬뜨기(p.93 참조)

※ 4단의 ᛌ는 3단을 앞으로 접어 내리고
2단 ᛌ의 다리를 주워 뜬다

12 ⌒ Photo / p.10   Point Lesson / p.45

〔실〕DMC 세베리아 10번 / 오프화이트(3865) ··· 7g
〔바늘〕레이스용 코바늘 4호
〔사이즈〕지름 10cm

※ 4, 8단의 ᛌ는 전단을 앞으로 접어
내리고 전전단의 다리를 주워 뜬다

13 ⌒ Photo / p.10

〔실〕DMC 세베리아 10번 / 흰색(B5200) ··· 5g
〔바늘〕레이스용 코바늘 4호
〔사이즈〕지름 10cm

☆=전단 사슬의 코를
주워 ●를 뜬다

14 ⌒ Photo / p.11

〔실〕DMC 세베리아 10번 / 오프화이트(3865) … 7g
〔바늘〕레이스용 코바늘 2호
〔사이즈〕가로·세로 9.5cm

✕ =짧은뜨기 줄기뜨기 (p.94 참조)
✕ =짧은뜨기 뒤걸어뜨기 (p.95 참조)

※7단의 짧은뜨기는 6단을 앞으로 접어 내리고 5단 짧은뜨기 뒤걸어뜨기 코를 주워 뜬다
※5단의 짧은뜨기 뒤걸어뜨기는 3단 짧은뜨기 줄기뜨기의 다리를 주워 뜬다
※3단의 짧은뜨기 줄기뜨기는 1단 짧은뜨기의 뒤쪽 반 코를 주워 뜬다
※2단은 1단 짧은뜨기의 앞쪽 반 코를 주워 뜬다

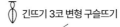 긴뜨기 3코 변형 구슬뜨기

※작품 94(p.82)의 긴뜨기 2코 변형 구슬뜨기는 1에서 미완성 긴뜨기를 2번 뜬다.

1 미완성 긴뜨기 (p.93 참조) 3코를 뜬다.
2 바늘 끝에 실을 걸어 바늘에 걸린 고리 6개를 빼낸다.
3 바늘에 실을 걸어 나머지 고리를 한번에 빼낸다.
4 긴뜨기 3코 변형 구슬뜨기 완성

15 ⌒ Photo / p.11

〔실〕DMC 세베리아 10번 / 흰색(B5200) … 3g
〔바늘〕레이스용 코바늘 2호
〔사이즈〕지름 10cm

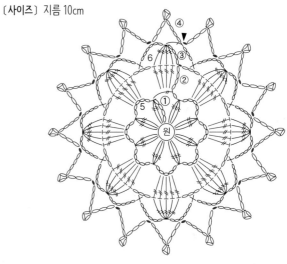

16 ⌒ Photo / p.11

〔실〕DMC 세베리아 10번 / 아이보리(BLANC) … 4g
〔바늘〕레이스용 코바늘 2호
〔사이즈〕지름 10cm

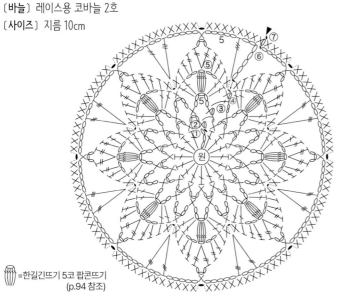

=한길긴뜨기 5코 팝콘뜨기 (p.94 참조)

17 ⌒ Photo / p.11

〔실〕DMC 세베리아 10번 / 아이보리(BLANC) … 3g
〔바늘〕레이스용 코바늘 2호
〔사이즈〕지름 10cm

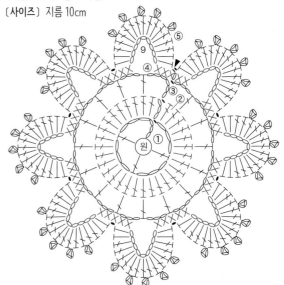

18 ⌒ Photo / p.12

〔실〕DMC 세베리아 20번
오프화이트(3865)…2g
〔바늘〕
레이스용 코바늘 4호
〔사이즈〕지름 5.5cm

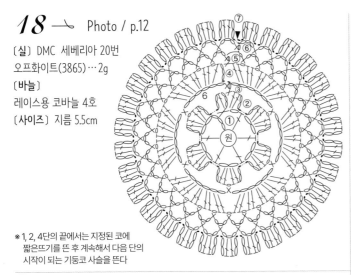

※ 1, 2, 4단의 끝에서는 지정된 코에
짧은뜨기를 뜬 후 계속해서 다음 단의
시작이 되는 기둥코 사슬을 뜬다

20 ⌒ Photo / p.12

〔실〕DMC 세베리아 20번
흰색(B5200)…2g
〔바늘〕
레이스용 코바늘 4호
〔사이즈〕지름 6.5cm

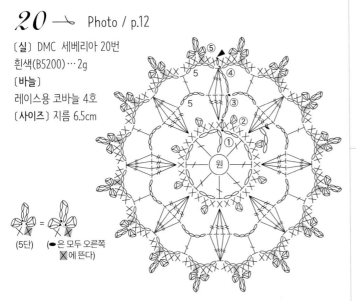

(5단) = (●은 모두 오른쪽
✕에 뜬다)

21 ⌒ Photo / p.12

〔실〕DMC 세베리아 20번
흰색(B5200)…2g
〔바늘〕레이스용 코바늘 4호
〔사이즈〕지름 7cm

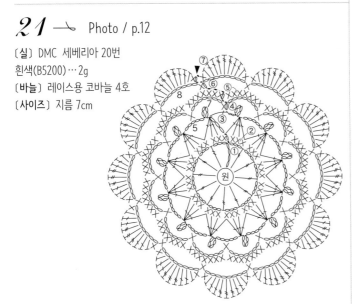

19 ⌒ Photo / p.12

〔실〕DMC 세베리아 20번
오프화이트(3865)…2g
〔바늘〕레이스용 코바늘 6호
〔사이즈〕지름 7cm

※ 4, 6, 8단의 한길긴뜨기는 전단의 코와 코
사이에 바늘을 넣어 뜬다

22 ⌒ Photo / p.12

〔실〕DMC 세베리아 20번 / 오프화이트(3865)…3g
〔바늘〕레이스용 코바늘 4호
〔사이즈〕가로·세로 7cm

=네길긴뜨기 3코 구슬뜨기
(p.93 참조)

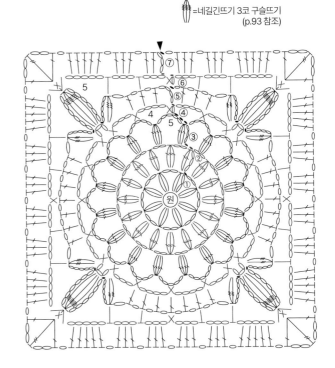

23 ⌒ Photo / p.14

〔실〕 DMC 세베리아 10번 / 흰색(B5200)…7g
〔바늘〕 레이스용 코바늘 4호
〔사이즈〕 가로·세로 10cm

24 ⌒ Photo / p.14

〔실〕 DMC 세베리아 10번 / 오프화이트(3865)…5g
〔바늘〕 레이스용 코바늘 4호
〔사이즈〕 지름 10cm

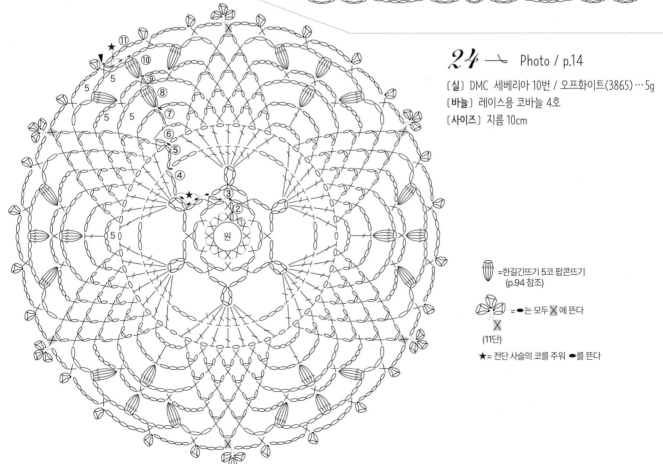

=한길긴뜨기 5코 팝콘뜨기
(p.94 참조)

= ●는 모두 ✕ 에 뜬다

(11단)

★= 전단 사슬의 코를 주워 ●를 뜬다

53

25 ⌐ Photo / p.14

〔실〕 DMC 세베리아 10번 / 오프화이트(3865)…6g
〔바늘〕 레이스용 코바늘 4호
〔사이즈〕 가로 9.5cm×세로 10.5cm

26 ⌐ Photo / p.14

〔실〕 DMC 세베리아 10번 / 흰색(B5200)…5g
〔바늘〕 레이스용 코바늘 4호
〔사이즈〕 가로 9cm×세로 10cm

※ 1~7단은 도안을 참조하여 원형뜨기로 뜨고 실을 자른다.
8단~11단은 지정된 위치에 실을 연결해 6곳에 각각 왕복뜨기로 뜬다

54

27 ⌒ Photo / p.15

〔실〕DMC 세베리아 30번 / 미색(ECRU) … 2g
〔바늘〕레이스용 코바늘 8호
〔사이즈〕지름 5.5cm

28 ⌒ Photo / p.15

〔실〕DMC 세베리아 30번 / 오프화이트(3865) … 1g
〔바늘〕레이스용 코바늘 6호
〔사이즈〕지름 6cm

※ (4단), (5단)은 전단 의
머리 사슬 2가닥과 뒷산(총 3가닥)을 주워 뜬다

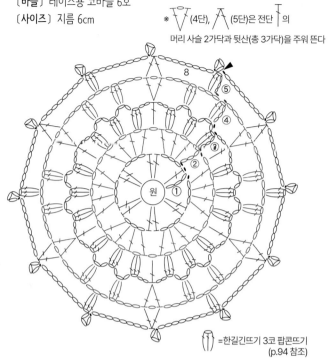

=한길긴뜨기 3코 팝콘뜨기
(p.94 참조)

29 ⌒ Photo / p.15

〔실〕DMC 세베리아 30번 / 흰색(B5200) … 2g
〔바늘〕레이스용 코바늘 8호
〔사이즈〕가로·세로 6.5cm

30 ⌒ Photo / p.15

〔실〕DMC 세베리아 30번 / 흰색(B5200) … 1g
〔바늘〕레이스용 코바늘 8호
〔사이즈〕지름 6cm

31 ⌇ Photo / p.15

〔실〕DMC 세베리아 30번 / 흰색(B5200)…1g
〔바늘〕레이스용 코바늘 6호
〔사이즈〕가로·세로 5.5cm

33 ⌇ Photo / p.16

〔실〕DMC 세베리아 30번 / 오프화이트(3865)…4g
〔바늘〕레이스용 코바늘 6호
〔사이즈〕가로·세로 10cm

16단은 15단을 앞으로 접어 내리고
13단 짧은뜨기의 앞쪽 반 코를 주워 뜬다

✕ =짧은뜨기 줄기뜨기
⊤ =한길긴뜨기 줄기뜨기 } (p.94 참조)

※ 5~11단의 ⌣에 뜨는 ●는
사슬의 코를 주워 뜬다

56

32 —⌒ Photo / p.16

〔실〕DMC 세베리아 20번 / 흰색(B5200)…4g
〔바늘〕레이스용 코바늘 6호
〔사이즈〕지름 10cm

※ 2단의 끝에서는
  기둥코 세 번째 사슬에
  짧은뜨기를 뜨고
  이어서 기둥코 사슬 1개를 뜬다

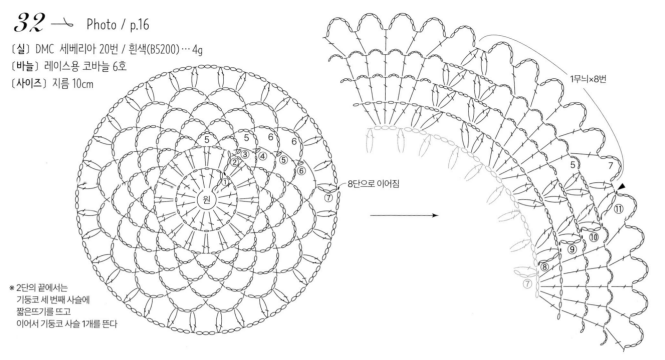

1무늬×8번

8단으로 이어짐

34 —⌒ Photo / p.16

〔실〕DMC 세베리아 20번
오프화이트(3865)…6g
〔바늘〕레이스용 코바늘 6호
〔사이즈〕
지름 10cm

(6단)=5단의 한길긴뜨기에 <두길긴뜨기 2코 구슬뜨기 1, 사슬 1,
한길긴뜨기 앞걸어뜨기 1, 사슬 1, 두길긴뜨기 2코 구슬뜨기 1>을 뜬다

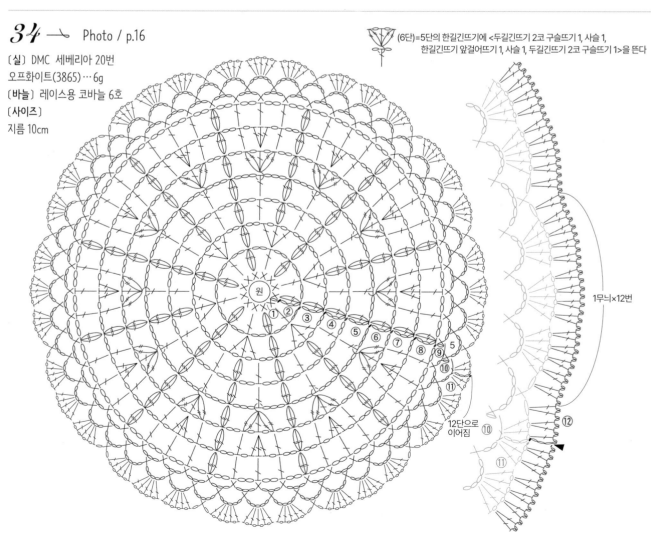

1무늬×12번

12단으로
이어짐

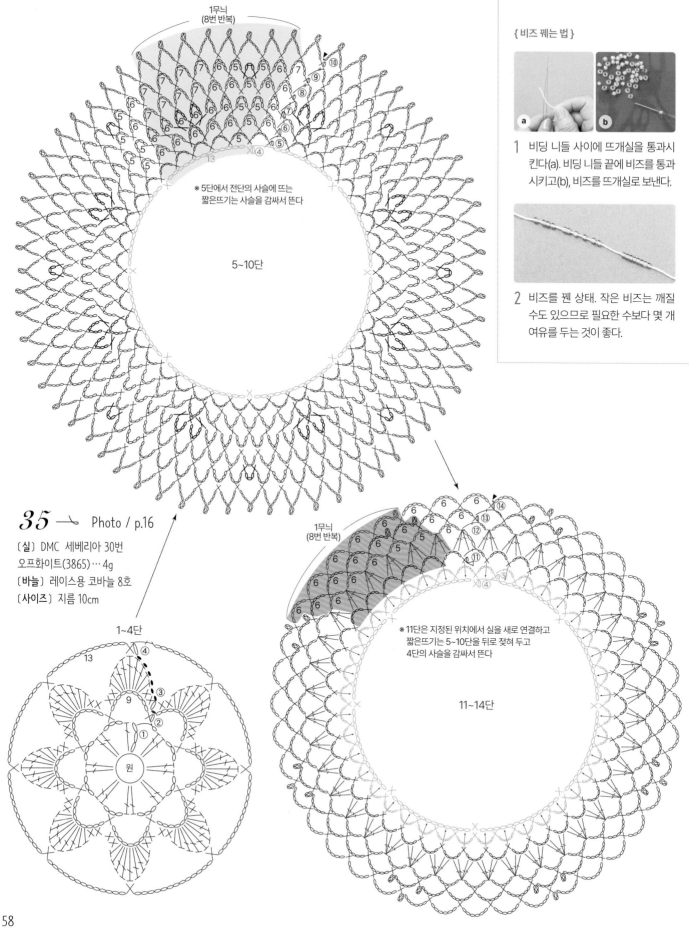

1무늬
(8번 반복)

※5단에서 전단의 사슬에 뜨는
짧은뜨기는 사슬을 감싸서 뜬다

5~10단

{ 비즈 꿰는 법 }

a   b

1 비딩 니들 사이에 뜨개실을 통과시
킨다(a). 비딩 니들 끝에 비즈를 통과
시키고(b), 비즈를 뜨개실로 보낸다.

2 비즈를 꿴 상태. 작은 비즈는 깨질
수도 있으므로 필요한 수보다 몇 개
여유를 두는 것이 좋다.

35 → Photo / p.16

〔실〕DMC 세베리아 30번
오프화이트(3865) … 4g
〔바늘〕레이스용 코바늘 8호
〔사이즈〕지름 10cm

1~4단

13

9

원

1무늬
(8번 반복)

※11단은 지정된 위치에서 실을 새로 연결하고
짧은뜨기는 5~10단을 뒤로 젖혀 두고
4단의 사슬을 감싸서 뜬다

11~14단

58

36 ⟶ Photo / p.18

〔실〕 DMC 세베리아 10번 / 검정(310) … 3g
〔기타〕 펄 비즈(6mm·검정) … 12개,
라운드 비즈(大·검정 / 小·검정), 원통형(대나무) 비즈(6mm·검정) … 각 24개
〔바늘〕 레이스용 코바늘 4호
〔사이즈〕 지름 10.5cm(비즈 포함)

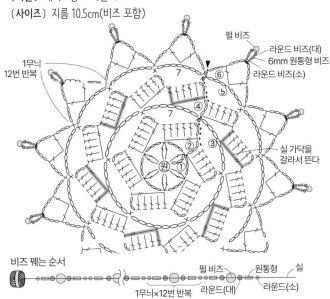

비즈 꿰는 순서
펄 비즈
원통형   실
1무늬×12번 반복   라운드(대)
라운드(소)

37 ⟶ Photo / p.18   Point Lesson / p.45

〔실〕 DMC 세베리아 10번 / 오프화이트(3865) … 2g
〔기타〕 펄 비즈(7mm·흰색) … 16개, (3mm·흰색) … 64개
〔바늘〕 레이스용 코바늘 4호
〔사이즈〕 지름 10cm(비즈 포함)

펄 비즈
(3mm)
펄 비즈
(7mm)
1무늬
16번
반복

비즈 꿰는 순서
1무늬×16번 반복   펄 비즈(7mm)   펄 비즈(3mm)   실

38 ⟶ Photo / p.18   Point Lesson / p.45

〔실〕 DMC 세베리아 10번 / 오프화이트(3865) … 4g
〔기타〕 펄 비즈(2mm·흰색) … 72개, (4mm·흰색) … 30개
〔바늘〕 레이스용 코바늘 4호 〔사이즈〕 지름 10cm(비즈 포함)

※ 8단은 뜨개질 방향을
바꾸어 뜬다

1무늬
6번 반복

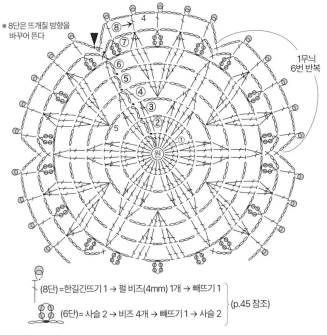

(8단)= 한길긴뜨기 1 → 펄 비즈(4mm) 1개 → 빼뜨기 1

(6단)= 사슬 2 → 비즈 4개 → 빼뜨기 1 → 사슬 2   (p.45 참조)

비즈 꿰는 순서
펄 비즈(4mm) 30개   펄 비즈(2mm) 72개   실

39 ⟶ Photo / p.18   Point Lesson / p.45

〔실〕 DMC 세베리아 10번 / 미색(ECRU) … 5g
〔기타〕 라운드 비즈(小·아이보리) … 120개
〔바늘〕 레이스용 코바늘 4호
〔사이즈〕 지름 10cm(비즈 포함)

10단의 짧은뜨기는 8, 9단의
사슬을 감싸서 뜬다

1무늬
8번 반복

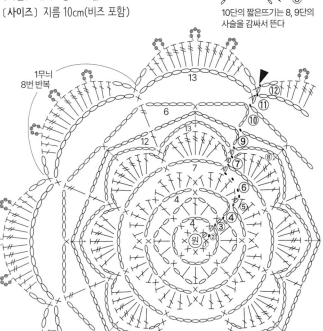

비즈 꿰는 순서
실
라운드 비즈(소) 120개

(12단)= 두길긴뜨기 1 → 비즈 5개 →
두길긴뜨기 1

59

40 ⌒ Photo / p.20

〔실〕 DMC 세베리아 10번
미색(ECRU)·오프화이트(3865) … 각 1g,
담황색(745)·민트(955)·핑크(3326) … 각각 소량
〔바늘〕 레이스용 코바늘 2호
〔사이즈〕 가로 11cm×세로 9.5cm

배색표	
단수	색
8	미색
7	오프화이트
6	미색
5	오프화이트
4	핑크
3	담황색
2	오프화이트
1	민트

41 ⌒ Photo / p.20

〔실〕 DMC 세베리아 10번
오프화이트(3865) … 1g,
베이지(739)·페일오렌지(754)·민트(955) … 각각 소량
〔바늘〕 레이스용 코바늘 2호
〔사이즈〕 지름 10cm

배색표	
단수	색
6	베이지
5	페일오렌지
4	오프화이트
3	베이지
2	민트
1	페일오렌지

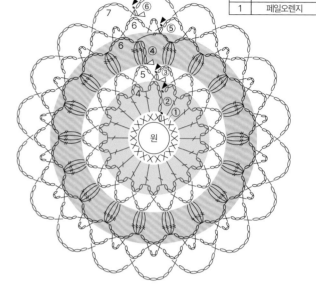

42 ⌒ Photo / p.20

〔실〕 DMC 세베리아 10번
청색(797)·연베이지(3033)·오프화이트(3865) … 각 1g,
파랑(799) … 소량
〔바늘〕 레이스용 코바늘 2호
〔사이즈〕 지름 10.5cm

배색표	
단수	색
8	청색
7	파랑
6	오프화이트
5	연베이지
4	청색
3	연베이지
2	오프화이트
1	파랑

43 ⌒ Photo / p.20

〔실〕 DMC 세베리아 10번
연베이지(3033)·오프화이트(3865) … 각 2g,
연두(989) … 1g, 베이지(739) … 소량
〔바늘〕 레이스용 코바늘 2호
〔사이즈〕 가로·세로 10cm

배색표	
단수	색
6·7	연베이지
5	오프화이트
4	연두
3	오프화이트
2	베이지
1	연두

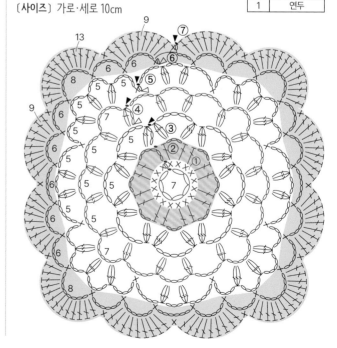

44 ⟿ Photo / p.21

〔실〕 DMC 세베리아 10번 / 오프화이트(3865)⋯5g
〔바늘〕 레이스용 코바늘 2호
〔사이즈〕 가로·세로 10.2cm

45 ⟿ Photo / p.21

〔실〕 DMC 세베리아 10번
오프화이트(3865)⋯6g
〔바늘〕 레이스용 코바늘 2호
〔사이즈〕 가로·세로 10cm

※10단의 끝에서는 기둥코의 3번째 사슬에 짧은뜨기를 뜨고
이어서 다음 단의 기둥코 사슬을 뜬다

X ← ④ 3단의 사슬을 감싸서 뜬다

← ③

46 ⌒ Photo / p.21

〔실〕DMC 세베리아 10번
오프화이트(3865)…5g
〔바늘〕레이스용 코바늘 2호
〔사이즈〕가로·세로 10cm

=한길긴뜨기 5코 팝콘뜨기(p.94 참조)

47 ⌒ Photo / p.21

〔실〕DMC 세베리아 10번 / 오프화이트(3865)…5g
〔바늘〕레이스용 코바늘 2호
〔사이즈〕가로·세로 10.5cm

=한길긴뜨기 5코 팝콘뜨기(p.94 참조)

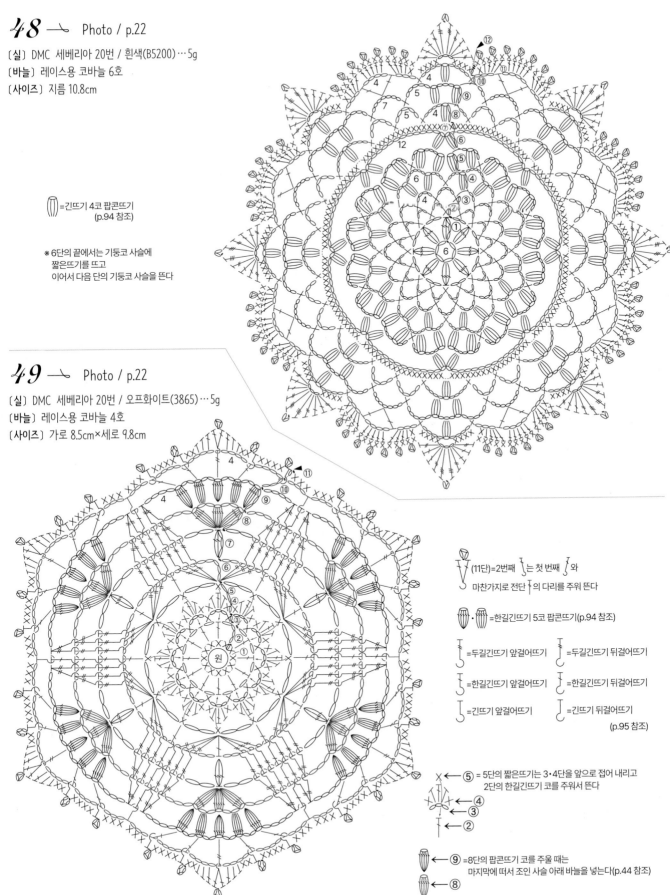

48 ～ Photo / p.22

〔실〕DMC 세베리아 20번 / 흰색(B5200)…5g
〔바늘〕레이스용 코바늘 6호
〔사이즈〕지름 10.8cm

= 긴뜨기 4코 팝콘뜨기
(p.94 참조)

※ 6단의 끝에서는 기둥코 사슬에
짧은뜨기를 뜨고
이어서 다음 단의 기둥코 사슬을 뜬다

49 ～ Photo / p.22

〔실〕DMC 세베리아 20번 / 오프화이트(3865)…5g
〔바늘〕레이스용 코바늘 4호
〔사이즈〕가로 8.5cm×세로 9.8cm

(11단) = 2번째 는 첫 번째 와
마찬가지로 전단의 다리를 주워 뜬다

· = 한길긴뜨기 5코 팝콘뜨기(p.94 참조)

= 두길긴뜨기 앞걸어뜨기   = 두길긴뜨기 뒤걸어뜨기

= 한길긴뜨기 앞걸어뜨기   = 한길긴뜨기 뒤걸어뜨기

= 긴뜨기 앞걸어뜨기   = 긴뜨기 뒤걸어뜨기
(p.95 참조)

⑤ = 5단의 짧은뜨기는 3·4단을 앞으로 접어 내리고
2단의 한길긴뜨기 코를 주워서 뜬다
④
③
②

⑨ = 8단의 팝콘뜨기 코를 주울 때는
마지막에 떠서 조인 사슬 아래 바늘을 넣는다(p.44 참조)
⑧

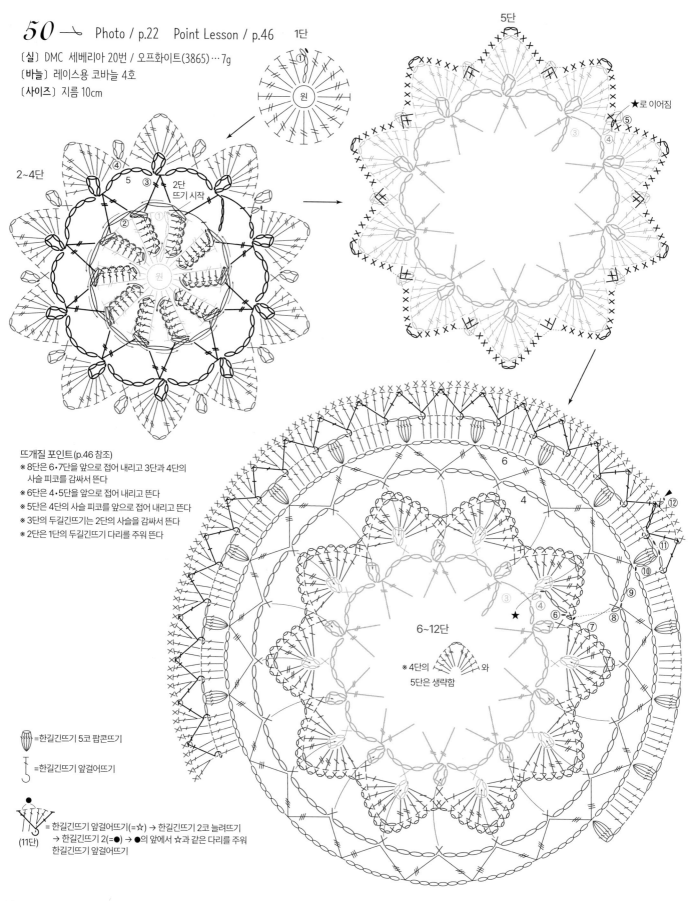

50 ～ Photo / p.22　Point Lesson / p.46

〔실〕 DMC 세베리아 20번 / 오프화이트(3865)…7g
〔바늘〕 레이스용 코바늘 4호
〔사이즈〕 지름 10cm

1단

2~4단

5단

★로 이어짐

5단 뜨기 시작

2단 뜨기 시작

뜨개질 포인트 (p.46 참조)

※8단은 6·7단을 앞으로 접어 내리고 3단과 4단의
　사슬 피코를 감싸서 뜬다
※6단은 4·5단을 앞으로 접어 내리고 뜬다
※5단은 4단의 사슬 피코를 앞으로 접어 내리고 뜬다
※3단의 두길긴뜨기는 2단의 사슬을 감싸서 뜬다
※2단은 1단의 두길긴뜨기 다리를 주워 뜬다

6~12단

※4단의 ⟨fan⟩과
5단은 생략함

=한길긴뜨기 5코 팝콘뜨기

=한길긴뜨기 앞걸어뜨기

(11단) = 한길긴뜨기 앞걸어뜨기(=☆) → 한길긴뜨기 2코 늘려뜨기
→ 한길긴뜨기 2(=●) ● 의 앞에서 ☆과 같은 다리를 주워
한길긴뜨기 앞걸어뜨기

51 ⟶ Photo / p.22   Point Lesson / p.46

〔실〕DMC 세베리아 20번 / 오프화이트(3865)…6g
〔바늘〕레이스용 코바늘 6호
〔사이즈〕가로 9.5cm×세로 10.7cm

뜨개질 포인트 (p.46 참조)
※14단의 12단에 뜨는 ⌇는 13단의 뒤에서 바늘을 넣어 뜬다
※8단의 5단에 뜨는 두길긴뜨기 앞걸어뜨기는 6, 7단의 앞에서 바늘을
　넣어 뜬다
※7단의 5단에 뜨는 한길긴뜨기는 6단의 뒤에서 바늘을 넣어 뜬다
※6단의 한길긴뜨기와 한길긴뜨기 5코 팝콘뜨기는 5단을 뒤로 젖혀 두고
　4단의 사슬을 감싸서 뜬다
※5단의 한길긴뜨기는 4단을 앞으로 접어 내리고 3단의 사슬을 감싸서 뜨고
　짧은뜨기는 4단의 한길긴뜨기 2코 모아뜨기의 머리를 주워 뜬다
※1, 7단의 끝에서는 지정된 코에 짧은뜨기를 뜨고 이어서 다음 단의
　기둥코를 뜬다

= ⌇는 2단 한길긴뜨기 앞걸어뜨기의
　다리를 주워 뜨고 ⌇는 코를 주워 뜬다
(4단)　　　　　　　　　　　　　　(p.46 참조)

⋎ =짧은뜨기 앞걸어뜨기
⌇ =한길긴뜨기 앞걸어뜨기　⌇ =한길긴뜨기 뒤걸어뜨기　 〕(p.95 참조)
⌇ =두길긴뜨기 앞걸어뜨기　⌇ =두길긴뜨기 뒤걸어뜨기

⫴ =한길긴뜨기 5코 팝콘뜨기　 ⫴ =한길긴뜨기 3코 구슬뜨기
　　(p.94 참조)　　　　　　　　　앞걸어뜨기

52 — Photo / p.23

〔실〕DMC 세베리아 30번 / 흰색(B5200) … 2g,
디아망 / 라이트 실버(D168) … 1g
〔바늘〕레이스용 코바늘 6호
〔사이즈〕가로 10.8cm
×세로 13cm

배색표	
단수	색
8	흰색
7	라이트 실버
2~6	흰색
1	라이트 실버

※ 라이트 실버는 2줄로 뜬다

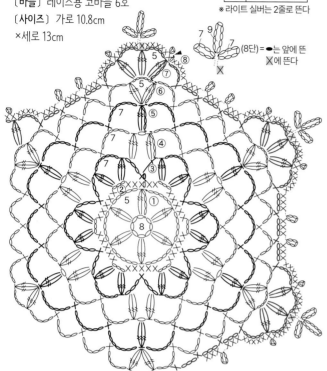

(8단) = ●는 앞에 뜬
✕에 뜬다

53 — Photo / p.23

〔실〕DMC 세베리아 30번
흰색(B5200) … 2g
〔바늘〕레이스용 코바늘 6호
〔사이즈〕가로 10cm
×세로 11cm

(9단) = ●는 앞에 뜬
✕에 뜬다

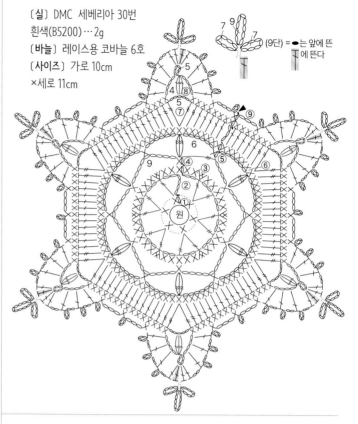

54 — Photo / p.23

〔실〕DMC 세베리아 30번 / 흰색(B5200) … 2g
〔바늘〕레이스용 코바늘 6호
〔사이즈〕가로 11cm×세로 10cm

=한길긴뜨기 5코
팝콘뜨기(p.94 참조)

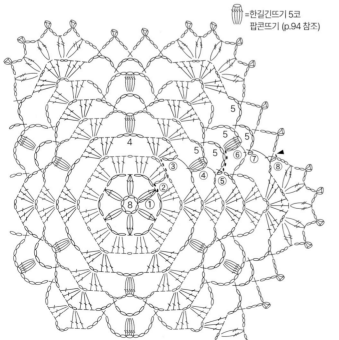

55 — Photo / p.23

〔실〕DMC 세베리아 30번 / 흰색(B5200) … 2g,
디아망 / 라이트 실버(D168) … 2g
〔바늘〕레이스용 코바늘 6호
〔사이즈〕가로 10cm×세로 11cm

배색표	
단수	색
8	라이트 실버
3~7	흰색
1·2	라이트 실버

※ 라이트 실버는 2줄로 뜬다

(8단) = ●는 앞에 뜬
✕에 뜬다

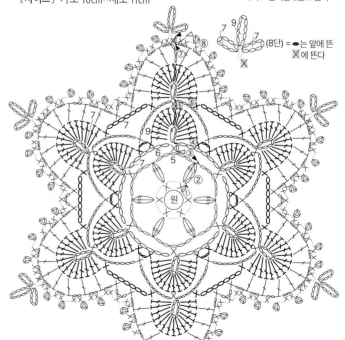

56 → Photo / p.24

〔실〕 DMC 세베리아 20번 / 오프화이트(3865)…3g
〔바늘〕 레이스용 코바늘 6호 〔사이즈〕 지름 11cm

뜨개질 포인트 몸과 머리는 실 끝으로 원형 고리를
만들어 뜨기 시작하여 도안대로 뜨고, 지정된 곳을 감치
기 하여 몸과 머리를 연결한다. 몸의 지정된 위치에 실을
새로 연결해 앞발을 뜬다. 도토리는 도안대로 뜬 다음
앞발의 지정된 위치 아래쪽에 겹쳐서 붙인다. 머리와 도
토리를 지정된 위치에서 감치기하여 연결한다. 테두리
①~④는 지정된 위치에 실을 새로 연결해 뜬다. 테두리
④의 1단은 각 모티브 및 다른 테두리와 연결하며 뜬다.

⬤ =도토리와 앞발을 겹쳐 붙이는 위치

※ 테두리 ③의 ★ 위치에서는 바늘을 빼서 편물
뒤로 고리를 끌어내고 ⬭의 3코를 편물 뒤에서 뜬다
다시 바늘을 빼고 편물 앞쪽으로 고리를 뺀 후
계속해서 뜬다

╫ =네길긴뜨기 ╫ =다섯길긴뜨기 (p.93) ※ 참조

✕ =짧은뜨기 줄기뜨기 (p.94 참조)

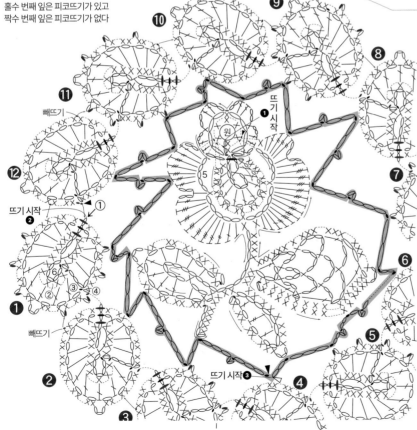

※ 잎 모티브의 마지막 단의 경우
홀수 번째 잎은 피코뜨기가 있고
짝수 번째 잎은 피코뜨기가 없다

57 → Photo / p.24

〔실〕 DMC 세베리아 20번 / 흰색(B5200)…5g
〔바늘〕 레이스용 코바늘 6호
〔사이즈〕 지름 9.5cm

뜨개질 포인트 중심 꽃 모티브는 ①부터 뜨기 시작하여 도안
대로 뜬다. 잎 모티브는 ②부터 뜨기 시작하여 연속 모티브 뜨기
로 12장의 잎을 뜬다. ③에 실을 새로 연결해 중심 꽃과 잎 모티
브를 연결하며 뜬다.

중심 꽃 확대

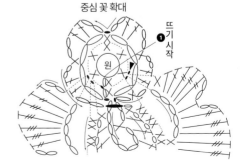

※ ④~⑧도 같은 위치에서 각각 인접하는 모티브에 빼뜨기 한다

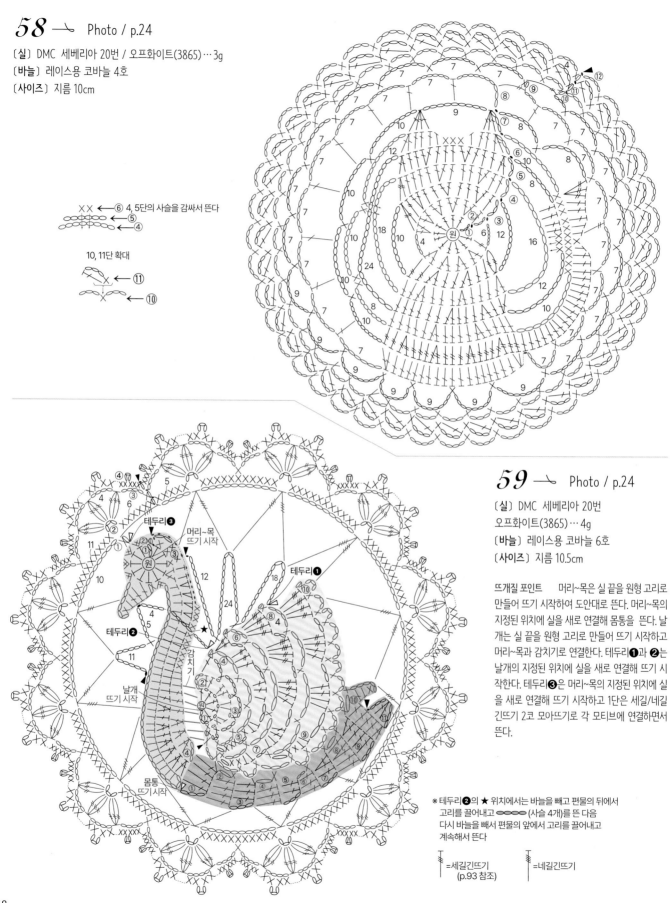

58 ⌒ Photo / p.24

〔실〕DMC 세베리아 20번 / 오프화이트(3865)…3g
〔바늘〕레이스용 코바늘 4호
〔사이즈〕지름 10cm

× × ←⑥ 4, 5단의 사슬을 감싸서 뜬다
←⑤
←④

10, 11단 확대
←⑪
←⑩

59 ⌒ Photo / p.24

〔실〕DMC 세베리아 20번
오프화이트(3865)…4g
〔바늘〕레이스용 코바늘 6호
〔사이즈〕지름 10.5cm

뜨개질 포인트 머리~목은 실 끝을 원형 고리로 만들어 뜨기 시작하여 도안대로 뜬다. 머리~목의 지정된 위치에 실을 새로 연결해 몸통을 뜬다. 날개는 실 끝을 원형 고리로 만들어 뜨기 시작하고 머리~목과 감치기로 연결한다. 테두리❶과 ❷는 날개의 지정된 위치에 실을 새로 연결해 뜨기 시작한다. 테두리❸은 머리~목의 지정된 위치에 실을 새로 연결해 뜨기 시작하고 1단은 세길/네길긴뜨기 2코 모아뜨기로 각 모티브에 연결하면서 뜬다.

※테두리❷의 ★ 위치에서는 바늘을 빼고 편물의 뒤에서 고리를 끌어내고 ⬭⬭⬭⬭ (사슬 4개)를 뜬 다음 다시 바늘을 빼서 편물의 앞에서 고리를 끌어내고 계속해서 뜬다

┬ =세길긴뜨기   ┬ =네길긴뜨기
(p.93 참조)

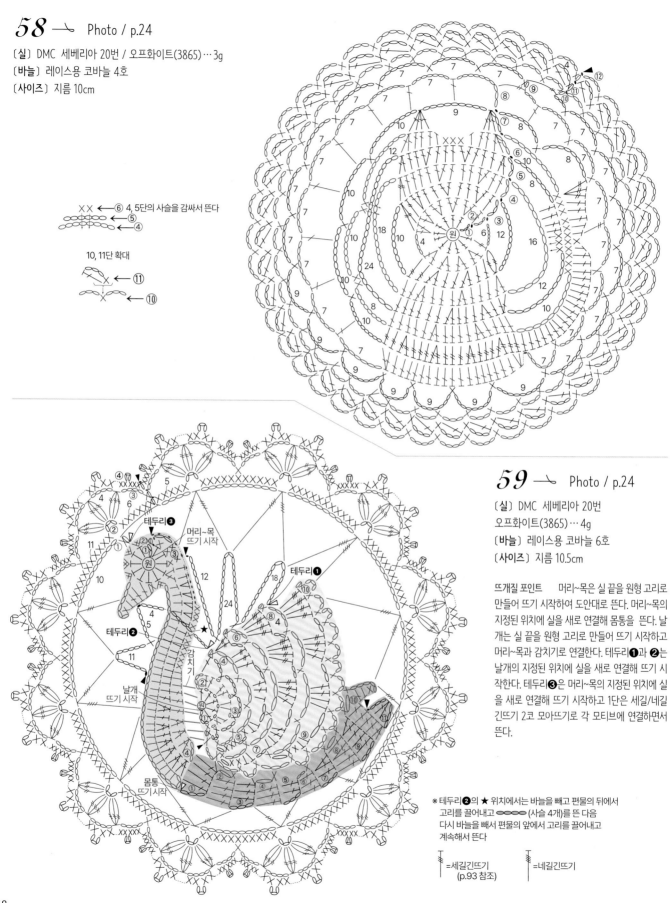

68

60 ⌒ Photo / p.26

〔실〕 DMC 세베리아 30번 / 오프화이트(3865) ··· 2g
〔바늘〕 레이스용 코바늘 8호
〔사이즈〕 지름 5cm

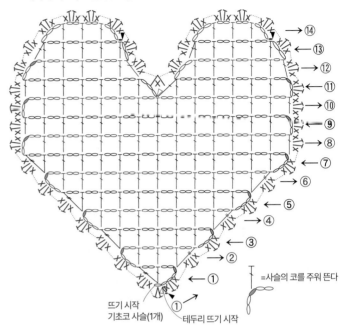

※5단의 T는
전단 사슬의 코를 주워 뜬다

61 ⌒ Photo / p.26

〔실〕 DMC 세베리아 30번 / 미색(ECRU) ··· 1g
〔바늘〕 레이스용 코바늘 8호
〔사이즈〕 가로 5.2cm×세로 5cm

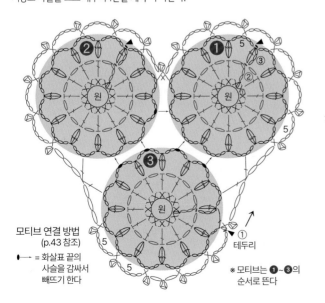

=사슬의 코를 주워 뜬다

뜨기 시작
기초코 사슬(1개)

테두리 뜨기 시작

62 ⌒ Photo / p.26

〔실〕 DMC 세베리아 30번 / 오프화이트(3865) ··· 1g
〔바늘〕 레이스용 코바늘 8호
〔사이즈〕 가로 5.5cm×세로 5cm

뜨개질 포인트　모티브는 실 끝으로 원형 고리를 만들어 뜨기 시작하고 도안에 따라 3단을 뜬다. 2번째 모티브부터는 마지막 단에서 인접한 모티브와 연결하면서 뜬다. 3번째 모티브 끝에서는 지정된 코에 한길긴뜨기를 뜬 다음 이어서 테두리 1단의 기둥코 사슬을 뜨고 테두리 1단을 계속 떠 나간다.

모티브 연결 방법
(p.43 참조)

◆ = 화살표 끝의
사슬을 감싸서
빼뜨기 한다

①
테두리

※모티브는 ❶~❸의
순서로 뜬다

63 ⌒ Photo / p.26

〔실〕 DMC 세베리아 30번 / 오프화이트(3865) ··· 1g
〔바늘〕 레이스용 코바늘 6호
〔사이즈〕 가로 5.3cm×세로 5cm

= ✕T✕

(6단)

64 ～ Photo / p.27

〔실〕DMC 세베리아 20번
흰색(B5200)…5g
〔바늘〕레이스용 코바늘 6호
〔사이즈〕지름 9.7cm

뜨개질 포인트　중심 모티브(1단)를 도안대
로 뜬다. 다음으로 연속 모티브 ❶~❽을 중심
모티브와 연결하면서 뜬다. 그 다음에는 연속
모티브 ❶~⓰을 ❶~❽과 연결하면서 뜬다.
마지막으로 연속 모티브 ❶~⓰을 ❶~⓰과 연
결하면서 뜬다.

☆・★・◎=각각의 연속 모티브 뜨기 시작 위치
☆=기초코 사슬(5개), ★・◎=기초코 사슬(6개)

모티브 연결 방법(p.43 참조)
●—◗ =화살표 끝에 있는 사슬을 감싸서 ●를 뜬다
●—► =화살표 끝에 있는 한길긴뜨기 코에 ●를 뜬다
●—► =화살표 끝에 있는 사슬의 코에 ●를 뜬다

65 ～ Photo / p.27

〔실〕DMC 세베리아 20번 / 오프화이트(3865)…2g
〔바늘〕레이스용 코바늘 4호
〔사이즈〕지름 7cm

╳ (8단)=7단의 사슬을 감싸서 뜬다

┬ =한길긴뜨기 줄기뜨기
╳ =짧은뜨기 줄기뜨기　} (p.94 참조)

⩔(4단)= ╳ ⌒ ╳

66 ～ Photo / p.28

〔실〕 DMC 세베리아 20번
오프화이트(3865)…5g
〔바늘〕 레이스용 코바늘 6호
〔사이즈〕 가로·세로 10cm

뜨개질 포인트　사슬로 기초코를 만들어 뜨기 시작
한다. 도안을 참조해 왕복뜨기로 18단을 뜨고 실을
자른다. 지정한 위치에 실을 새로 연결하고 가장자리
를 따라 테두리를 2단 뜬다.

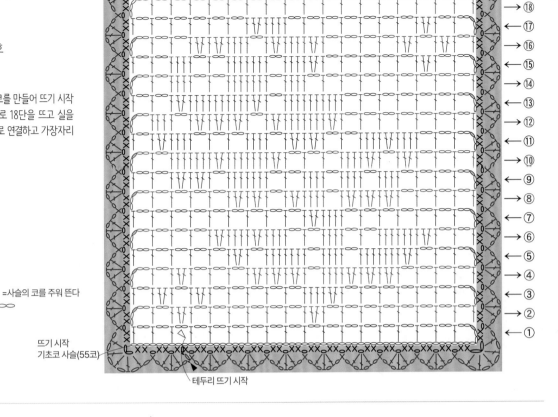

＝사슬의 코를 주워 뜬다

뜨기 시작
기초코 사슬(55코)

테두리 뜨기 시작

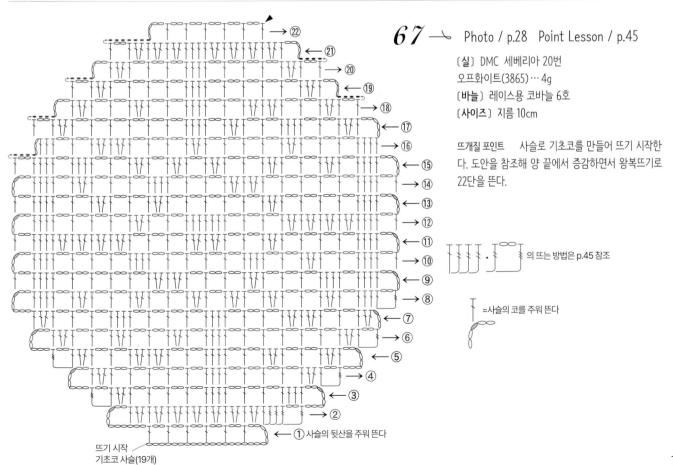

67 ～ Photo / p.28　Point Lesson / p.45

〔실〕 DMC 세베리아 20번
오프화이트(3865)…4g
〔바늘〕 레이스용 코바늘 6호
〔사이즈〕 지름 10cm

뜨개질 포인트　사슬로 기초코를 만들어 뜨기 시작한
다. 도안을 참조해 양 끝에서 증감하면서 왕복뜨기로
22단을 뜬다.

의 뜨는 방법은 p.45 참조

＝사슬의 코를 주워 뜬다

① 사슬의 뒷산을 주워 뜬다

뜨기 시작
기초코 사슬(19개)

68 ⟿ Photo / p.29

〔실〕 DMC 세베리아 30번
흰색(B5200) … 2g
〔바늘〕 레이스용 코바늘 8호
〔사이즈〕 한 변 6.5cm

=한길긴뜨기 3코 팝콘뜨기 (p.94 참조)
=∩ (사슬 3코)
=사슬 코를 주워
(7단) 빼뜨기 한다

70 ⟿ Photo / p.29

〔실〕 DMC 세베리아 30번
오프화이트(3865) … 2g
〔바늘〕 레이스용 코바늘 8호
〔사이즈〕 한 변 4.5cm

=한길긴뜨기 줄기뜨기 (p.94 참조)
=긴뜨기 뒤걸어뜨기
=한길긴뜨기 뒤걸어뜨기 (p.95 참조)
=두길긴뜨기 뒤걸어뜨기

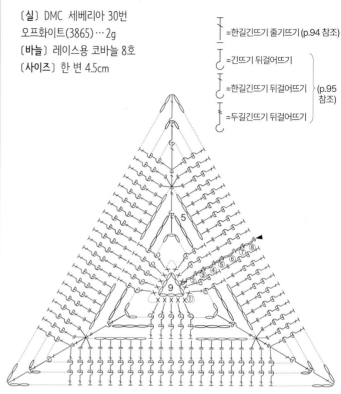

71 ⟿ Photo / p.29

〔실〕 DMC 세베리아 30번
오프화이트(3865) … 1g
〔바늘〕 레이스용 코바늘 8호
〔사이즈〕 한 변 5.5cm

72 ⟿ Photo / p.29

〔실〕 DMC 세베리아 30번
오프화이트(3865) … 2g
〔바늘〕 레이스용 코바늘 8호
〔사이즈〕 한 변 6cm

모아뜨기를 한 후
사슬을 하나 떠서
세게 조인다

=두길긴뜨기 3코 모아뜨기
=한길긴뜨기 3코 모아뜨기

※ 전단의 ┃에 뜨는 경우
머리 사슬 2가닥과 뒷산
(총 3가닥)을 주워 뜬다

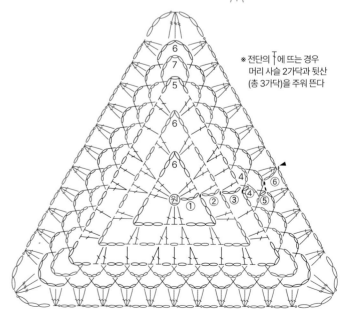

69 ⌒ Photo / p.29   Point Lesson / p.47

〔실〕 DMC 세베리아 30번 / 흰색(B5200)…2g
〔바늘〕 레이스용 코바늘 8호
〔사이즈〕 한 변 7cm

뜨개질 포인트   모티브는 사슬로 기초코를 만들어 뜨기 시작하고 도안을 참조해 연속
모티브 뜨기로 6장을 계속 이어서 뜬다. 모티브끼리 연결할 때는 바늘을 뺐다가 다시 끼
워서 뜨는 방법으로 연결한다. 연속 모티브 뜨기가 끝나면, 모티브의 코를 주우며 전체를
돌면서 5단을 뜬다. (연속 모티브 뜨는 법과 모티브 연결 방법은 P. 47 참조)

이 빼뜨기는 ◠의
뒷산 한 가닥을 주워 뜬다

모티브 연결 방법 (p.47 참조)
>⊢⊬⊢─ = 바늘을 뺀 다음 화살표 끝의 두길긴뜨기 머리 사슬
뒤쪽 한 가닥을 주워서 연결한다

73

〔실〕DMC 세베리아 10번 / 오프화이트(3865)…13g
〔바늘〕레이스용 코바늘 2호 〔사이즈〕지름 15cm

뜨개질 포인트 　중심의 원형 모티브는 실 끝으로 원형 고리를
만들어 뜨기 시작하여 8단을 뜬다. 중심 모티브를 둘러싼 꽃 모티
브는 실 끝으로 원형 고리를 만들어 뜨기 시작하여 5단을 뜬다. 꽃
모티브 ❶은 마지막 단에서 중심 모티브와 연결하며 뜨고, ❷~
❾는 인접하는 꽃 모티브와 중심 모티브에 연결하면서 뜬다.

꽃 모티브 확대

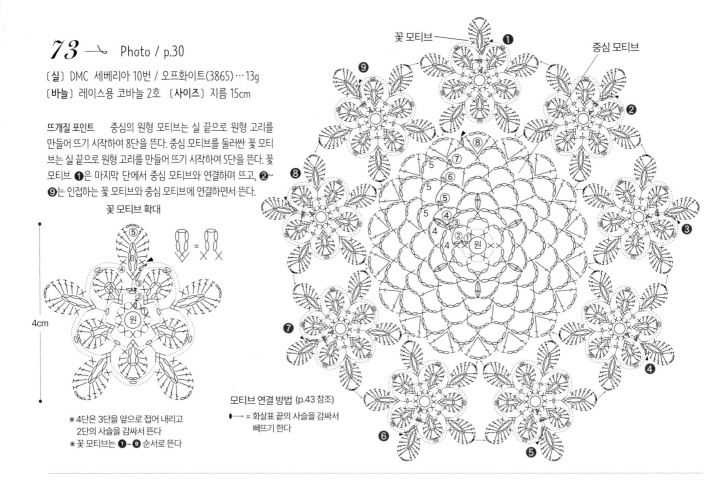

꽃 모티브 —　　　　　　　　　　　　　　　　　중심 모티브

4cm

※ 4단은 3단을 앞으로 접어 내리고
　2단의 사슬을 감싸서 뜬다
※ 꽃 모티브는 ❶~❾ 순서로 뜬다

모티브 연결 방법 (p.43 참조)
●→ = 화살표 끝의 사슬을 감싸서
　　　빼뜨기 한다

〔실〕DMC 세베리아 10번
오프화이트(3865)…9g
〔바늘〕레이스용 코바늘 2호
〔사이즈〕지름 15cm

뜨개질 포인트 　중심에 있는 원형 모티브는 실 끝으로 원형
고리를 만들어 뜨기 시작하여 6단을 뜬다. 중심 모티브를 둘
러싼 꽃 모티브는 실 끝으로 원형 고리를 만들어 뜨기 시작하
여 3단을 뜬다. 꽃 모티브 ❶은 마지막 단에서 중심 모티브와
연결하며 뜨고, ❷~❾는 인접하는 꽃 모티브와 중심 모티브
에 연결하면서 뜬다.

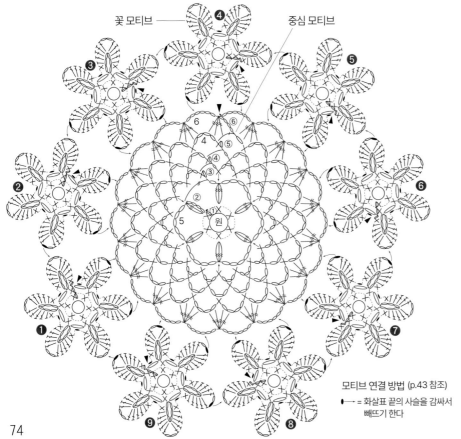

꽃 모티브 —　　　　　　　　　　중심 모티브

모티브 연결 방법 (p.43 참조)
●→ = 화살표 끝의 사슬을 감싸서
　　　빼뜨기 한다

꽃 모티브 확대

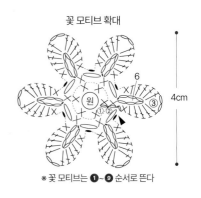

4cm

※ 꽃 모티브는 ❶~❾ 순서로 뜬다

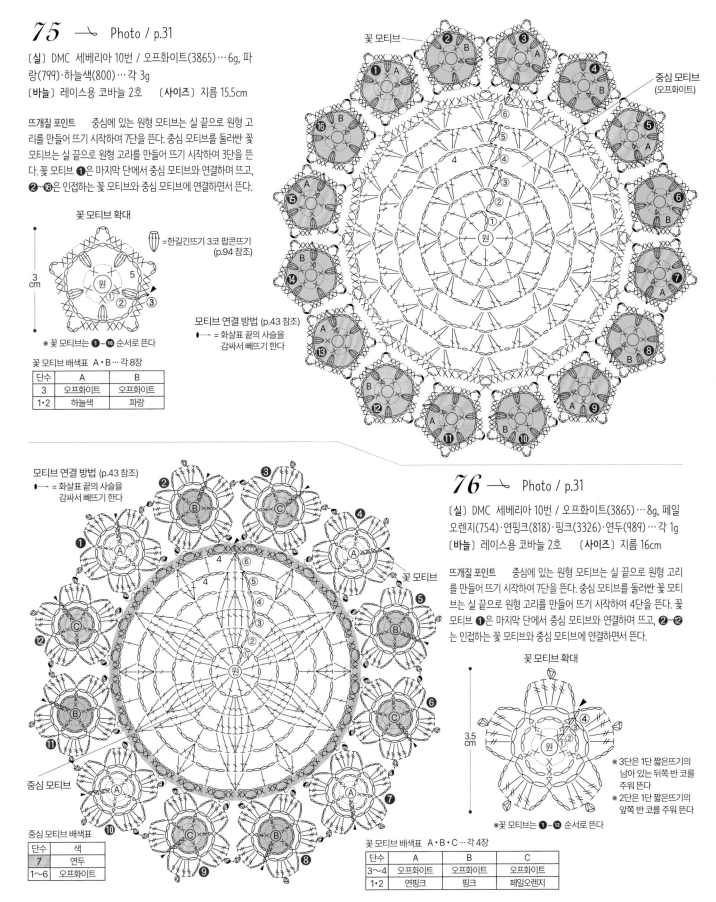

75 ⌒ Photo / p.31

〔실〕 DMC 세베리아 10번 / 오프화이트(3865)···6g, 파랑(799)·하늘색(800)···각 3g
〔바늘〕 레이스용 코바늘 2호 〔사이즈〕 지름 15.5cm

뜨개질 포인트 중심에 있는 원형 모티브는 실 끝으로 원형 고리를 만들어 뜨기 시작하여 7단을 뜬다. 중심 모티브를 둘러싼 꽃 모티브는 실 끝으로 원형 고리를 만들어 뜨기 시작하여 3단을 뜬다. 꽃 모티브 ❶은 마지막 단에서 중심 모티브와 연결하며 뜨고, ❷~⓰은 인접하는 꽃 모티브와 중심 모티브에 연결하면서 뜬다.

꽃 모티브 확대

=한길긴뜨기 3코 팝콘뜨기 (p.94 참조)

3cm

※꽃 모티브는 ❶~⓰ 순서로 뜬다

모티브 연결 방법 (p.43 참조)
●→ = 화살표 끝의 사슬을 감싸서 빼뜨기 한다

꽃 모티브 배색표 A·B···각 8장

단수	A	B
3	오프화이트	오프화이트
1·2	하늘색	파랑

모티브 연결 방법 (p.43 참조)
●→ = 화살표 끝의 사슬을 감싸서 빼뜨기 한다

중심 모티브

중심 모티브 배색표

단수	색
7	연두
1~6	오프화이트

76 ⌒ Photo / p.31

〔실〕 DMC 세베리아 10번 / 오프화이트(3865)···8g, 페일오렌지(754)·연핑크(818)·핑크(3326)·연두(989)···각 1g
〔바늘〕 레이스용 코바늘 2호 〔사이즈〕 지름 16cm

뜨개질 포인트 중심에 있는 원형 모티브는 실 끝으로 원형 고리를 만들어 뜨기 시작하여 7단을 뜬다. 중심 모티브를 둘러싼 꽃 모티브는 실 끝으로 원형 고리를 만들어 뜨기 시작하여 4단을 뜬다. 꽃 모티브 ❶은 마지막 단에서 중심 모티브와 연결하며 뜨고, ❷~⓬는 인접하는 꽃 모티브와 중심 모티브에 연결하면서 뜬다.

꽃 모티브 확대

3.5cm

※3단은 1단 짧은뜨기의 남아 있는 뒤쪽 반 코를 주워 뜬다
※2단은 1단 짧은뜨기의 앞쪽 반 코를 주워 뜬다

※꽃 모티브는 ❶~⓬ 순서로 뜬다

꽃 모티브 배색표 A·B·C···각 4장

단수	A	B	C
3~4	오프화이트	오프화이트	오프화이트
1·2	연핑크	핑크	페일오렌지

〔실〕 DMC 세베리아 20번 / 오프화이트(3865) … 13g
〔바늘〕 레이스용 코바늘 4호
〔사이즈〕 가로 15.5cm×세로 15.5cm

뜨개질 포인트   모티브 ❶~❾는 작품 6 모티브(p.49)의 6단까지 뜨고, 모티브 ❿~⓭은 3단까지 뜬다. 모티브 ❷~❾, 모티브 ❿~⓭은 마지막 단에서 인접하는 모티브와 연결하면서 뜬다.

✕ (6단)=4, 5단의 사슬을 감싸서 뜬다

모티브 연결 방법 (p.43 참조)
←─● =화살표 끝의 사슬을 감싸서 빼뜨기 한다
←─● =화살표 끝의 한길긴뜨기 코를 주워서 빼뜨기 한다

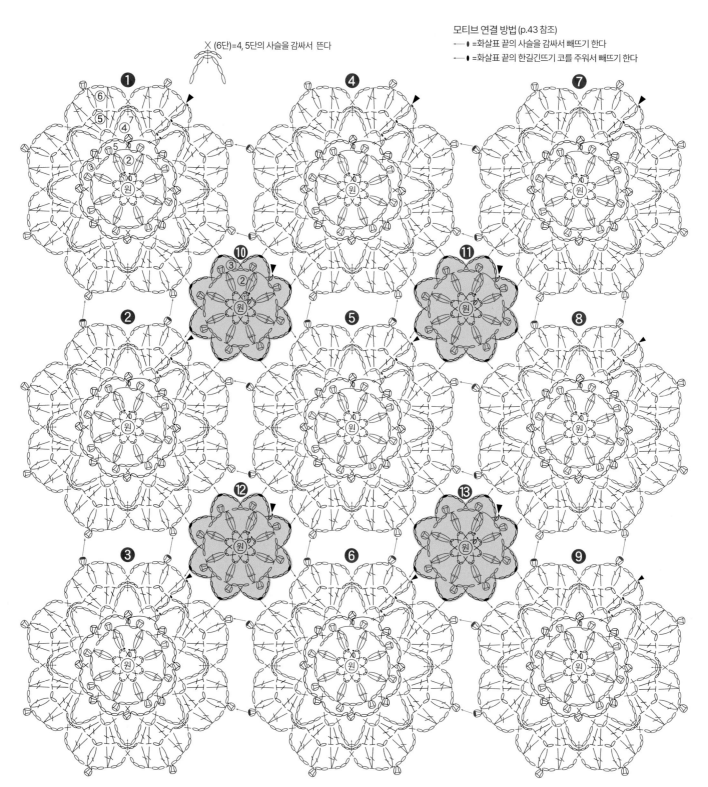

〔실〕DMC 세베리아 20번 / 흰색(B5200)…12g

〔바늘〕레이스용 코바늘 4호

〔사이즈〕가로 19.5cm×세로 19.5cm

뜨개질 포인트　작품.20 모티브(p.52)를 9장 떠서 연결한다. 모티브 ❶~❾ 순서로 뜨되, 모티브 ❷~❾는 마지막 단에서 인접하는 모티브와 연결하며 뜬다.

모티브 연결 방법 (p.43 참조)

⟵● =화살표 끝의 사슬을 감싸서 빼뜨기 한다

〔실〕DMC 세베리아 30번 / 오프화이트(3865)…10g
〔바늘〕레이스용 코바늘 8호
〔사이즈〕가로 18cm×세로 18cm

뜨개질 포인트 작품 *80* 모티브(p.55)를 9장 떠서 연결한다. 모티브 ❶~❾ 순서로 뜨되, 모티브 ❷~❾는 마지막 단에서 인접하는 모티브와 연결하며 뜬다. 모티브끼리 연결할 때는 연결 방향에 주의한다.

모티브 연결 방법 (p.43 참조)
고리에서 바늘을 빼고 연결할 코의 머리 사슬에 바늘을 끼운 다음
쉬어 두었던 고리를 바늘 끝에 걸어 빼낸다

모티브 연결 위치

〔실〕DMC 세베리아 30번 / 흰색(B5200) … 9g
〔바늘〕레이스용 코바늘 6호
〔사이즈〕가로 16.5cm×세로 16.5cm

뜨개질 포인트 작품31 모티브(p.56)를 9장 떠서 연결한다. 모티브 ❶~❾ 순서로 뜨되, 모티브 ❷~❾는 마지막 단에서 인접하는 모티브와 연결하며 뜬다.

모티브 연결 방법 (p.43 참조)
⟶ =화살표 끝의 사슬을 감싸서 빼뜨기 한다 (인접한 모티브 연결)
⟶ =화살표 끝 ●의 다리를 주워 빼뜨기 한다 (여러 개 모티브 연결)

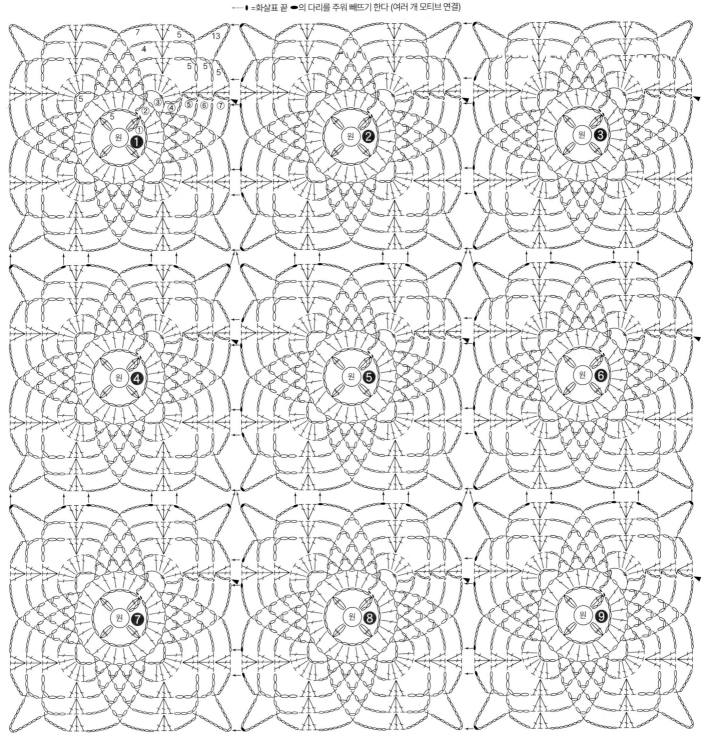

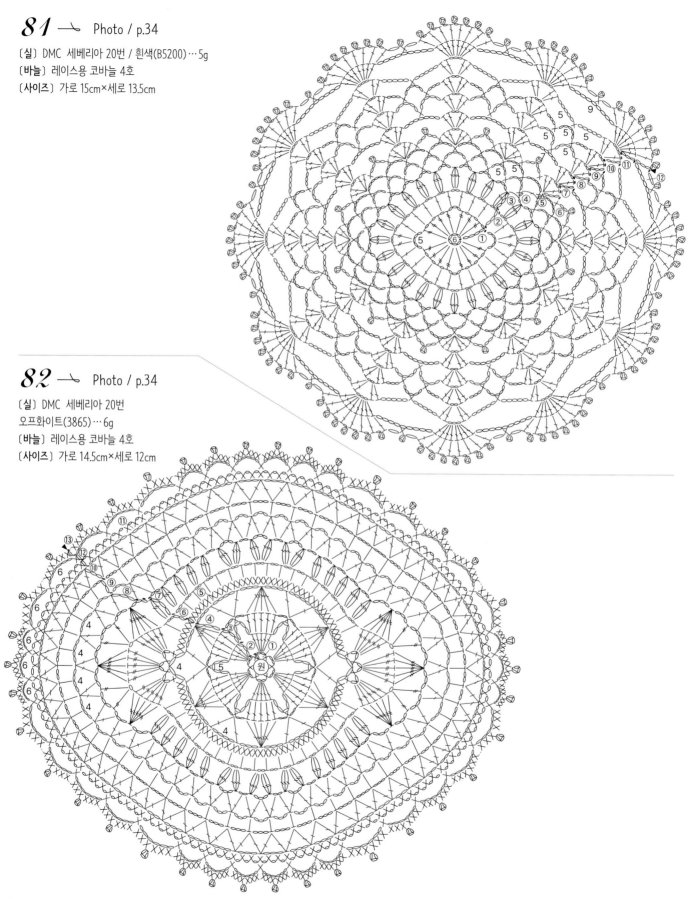

81 ⟶ Photo / p.34

〔실〕DMC 세베리아 20번 / 흰색(B5200)…5g
〔바늘〕레이스용 코바늘 4호
〔사이즈〕가로 15cm×세로 13.5cm

82 ⟶ Photo / p.34

〔실〕DMC 세베리아 20번
오프화이트(3865)…6g
〔바늘〕레이스용 코바늘 4호
〔사이즈〕가로 14.5cm×세로 12cm

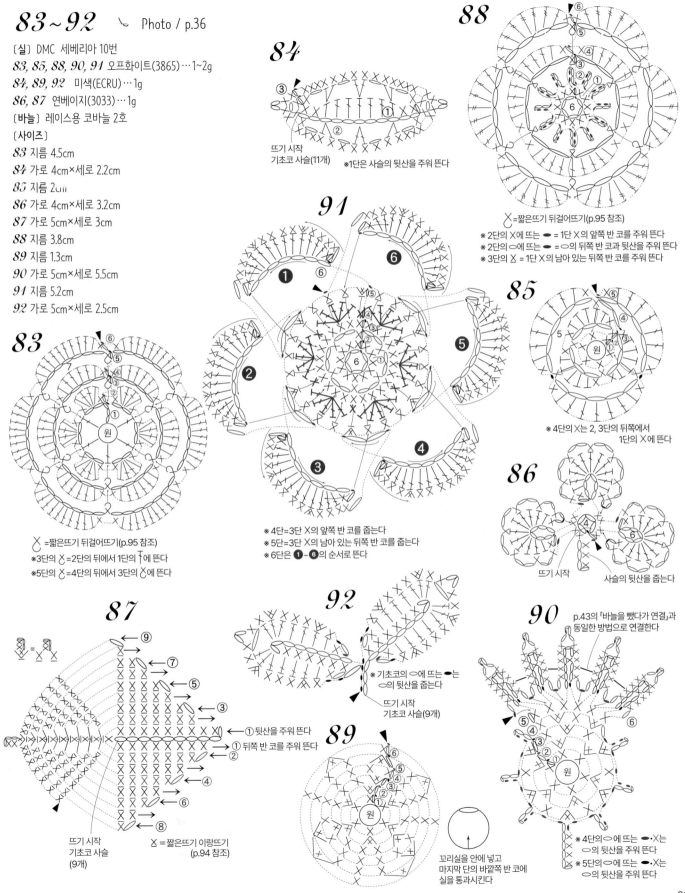

83~92 ✎ Photo / p.36

〔실〕DMC 세베리아 10번
83, 85, 88, 90, 91 오프화이트(3865)…1~2g
84, 89, 92 미색(ECRU)…1g
86, 87 연베이지(3033)…1g
〔바늘〕레이스용 코바늘 2호
〔사이즈〕
83 지름 4.5cm
84 가로 4cm×세로 2.2cm
85 지름 2cm
86 가로 4cm×세로 3.2cm
87 가로 5cm×세로 3cm
88 지름 3.8cm
89 지름 1.3cm
90 가로 5cm×세로 5.5cm
91 지름 5.2cm
92 가로 5cm×세로 2.5cm

84

뜨기 시작
기초코 사슬(11개)

※1단은 사슬의 뒷산을 주워 뜬다

88

✗=짧은뜨기 뒤걸어뜨기(p.95 참조)
※ 2단의 ✗에 뜨는 ●는 1단의 ✗의 앞쪽 반 코를 주워 뜬다
※ 2단의 ●에 뜨는 ●는 ○의 뒤쪽 반 코과 뒷산을 주워 뜬다
※ 3단의 ✗ = 1단의 ✗의 남아 있는 뒤쪽 반 코를 주워 뜬다

83

원

✗ =짧은뜨기 뒤걸어뜨기(p.95 참조)
※3단의 ✗=2단의 뒤에서 1단의 ✝에 뜬다
※5단의 ✗=4단의 뒤에서 3단의 ✗에 뜬다

91

※4단=3단 ✗의 앞쪽 반 코를 줍는다
※5단=3단 ✗의 남아 있는 뒤쪽 반 코를 줍는다
※6단은 ❶~❻의 순서로 뜬다

85

원

※ 4단의 ✗는 2, 3단의 뒤쪽에서
1단의 ✗에 뜬다

86

뜨기 시작
사슬의 뒷산을 줍는다

87

✕ = 짧은뜨기 이랑뜨기
(p.94 참조)

뜨기 시작
기초코 사슬
(9개)

① 뒷산을 주워 뜬다
① 뒤쪽 반 코를 주워 뜬다

92

※ 기초코의 ●에 뜨는 ●는
○의 뒷산을 줍는다

뜨기 시작
기초코 사슬(9개)

89

꼬리실을 안에 넣고
마지막 단의 바깥쪽 반 코에
실을 통과시킨다

90

p.43의 「바늘을 뺐다가 연결」과
동일한 방법으로 연결한다

원

※4단의 ○에 뜨는 ●·✗는
○의 뒷산을 주워 뜬다
※5단의 ●에 뜨는 ●·✗는
○의 뒷산을 주워 뜬다

93 — Photo / p.38

〔실〕 DMC 세베리아 10번 / 미색(ECRU) … 7g
〔바늘〕 레이스용 코바늘 2호
〔사이즈〕 가로 9.5cm×세로 8.5cm(장식 모티브 제외)

뜨개질 포인트   본체 모티브는 실 끝으로 원형 고리를 만들어 뜨기 시작하여 도안대로 10단을 뜬다. 장식 모티브로 85 모티브 5장, 92 모티브 1장을 떠서 본체의 적당한 위치에 겹쳐 꿰맨다.

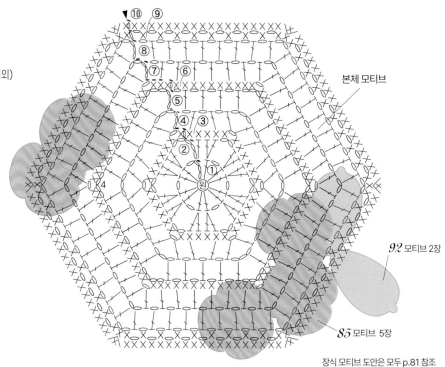

본체 모티브

92 모티브 2장

85 모티브 5장

장식 모티브 도안은 모두 p.81 참조

---

94 — Photo / p.38

〔실〕 DMC 세베리아 10번 / 미색(ECRU) … 4g
〔바늘〕 레이스용 코바늘 2호
〔사이즈〕 가로 10cm×세로 8.5cm(장식 모티브 포함)

장식 모티브 도안은 모두 p.81 참조

뜨개질 포인트   본체 모티브는 실 끝으로 원형 고리를 만들어 뜨기 시작하여 도안대로 8단을 뜬다. 장식 모티브로 87 모티브와 90 모티브를 1장씩 떠서 본체의 적당한 위치에 겹쳐 꿰맨다.

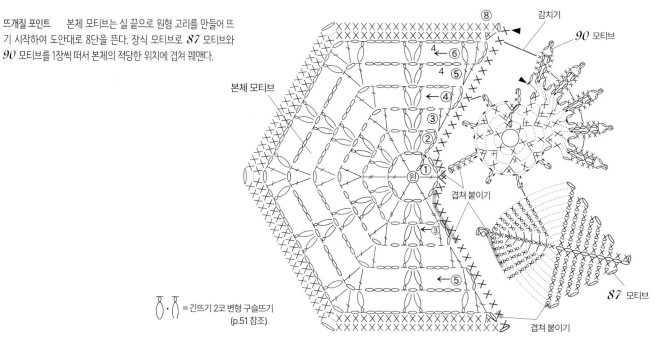

본체 모티브

감치기

90 모티브

겹쳐 붙이기

87 모티브

겹쳐 붙이기

= 긴뜨기 2코 변형 구슬뜨기
(p.51 참조)

━━ ・ ━ ・・ ━━ ・ ━━   장식 모티브를 본체 모티브 위에 겹쳐 올려 놓고 꿰매 붙인다

95 ⟶ Photo / p.39

〔실〕 DMC 세베리아 10번 / 라이트 베이지(712) … 7g
〔바늘〕 레이스용 코바늘 2호
〔사이즈〕 지름 9.7cm(모티브 제외)

뜨개질 포인트 본체 모티브는 실 끝으로 원형 고리를 만들어 뜨기 시작하여 도안대로 8단을 뜬다. 장식 모티브로 88 모티브와 92 모티브를 각각 1장, 89 모티브를 2장 뜬 다음 본체의 적당한 위치에 겹쳐 꿰맨다.

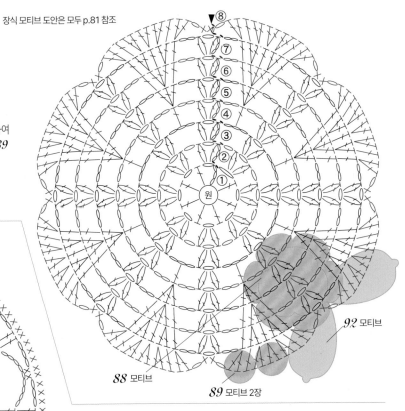

92 모티브

88 모티브

89 모티브 2장

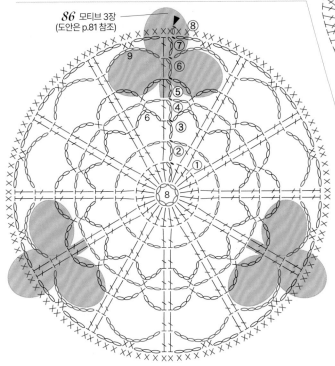

86 모티브 3장
(도안은 p.81 참조)

96 ⟶ Photo / p.39

〔실〕 DMC 세베리아 10번 / 라이트 베이지(712) … 5g
〔바늘〕 레이스용 코바늘 2호
〔사이즈〕 지름 9.5cm(모티브 제외)

뜨개질 포인트 본체 모티브는 사슬로 기초코를 만들어 뜨기 시작하여 도안대로 8단을 뜬다. 장식 모티브로 86 모티브를 3장 뜬 다음 본체의 적당한 위치에 겹쳐 꿰맨다.

98 ⟶ Photo / p.40

〔실〕 DMC 세베리아 10번 / 오프화이트(3865) … 7g
〔바늘〕 레이스용 코바늘 2호
〔사이즈〕 가로·세로 9.5cm(모티브 제외)

뜨개질 포인트 본체 모티브는 사슬로 기초코를 만들어 뜨기 시작하여 도안대로 7단을 뜬다. 장식 모티브로 85 모티브를 4장 뜬 다음 본체의 적당한 위치에 겹쳐 꿰맨다.

(7단)= ✕✕✕

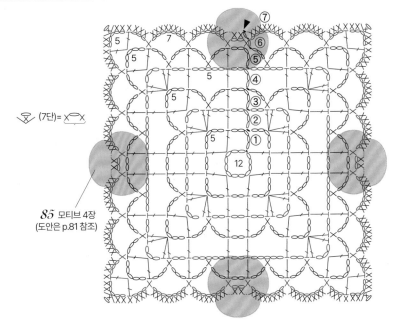

85 모티브 4장
(도안은 p.81 참조)

97 ⌒ Photo / p.40

〔실〕 DMC 세베리아 10번
오프화이트(3865)…7g
〔바늘〕 레이스용 코바늘 2호
〔사이즈〕 가로·세로 9.5cm(모티브 제외)

뜨개질 포인트　본체 모티브는 실 끝으로 원형 고리를 만
들어 뜨기 시작하여 도안대로 10단을 뜬다. 장식 모티브로
83 모티브와 *84* 모티브를 각각 1장씩 떠서 본체 모티브
의 적당한 위치에 겹쳐 꿰맨다.

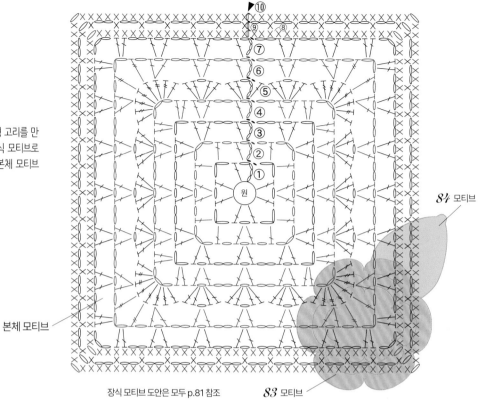

본체 모티브

84 모티브

장식 모티브 도안은 모두 p.81 참조

83 모티브

99 ⌒ Photo / p.41

〔실〕 DMC 세베리아 10번 / 오프화이트(3865)…14g
〔바늘〕 레이스용 코바늘 2호
〔사이즈〕 지름 13.5cm(모티브 제외)

뜨개질 포인트　본체 모티브는 사슬로 기초코를 만들어 뜨기
시작하여 도안대로 12단을 뜬다. 장식 모티브로 *88* 모티브를
6장 뜬 다음 본체 모티브의 적당한 위치에 겹쳐 꿰맨다.

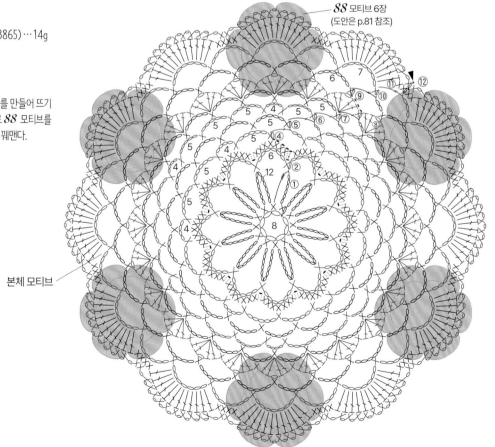

88 모티브 6장
(도안은 p.81 참조)

본체 모티브

100 ⌒ Photo / p.41

〔실〕 DMC 세베리아 10번 / 라이트 베이지(712)···20g
〔바늘〕 레이스용 코바늘 2호
〔사이즈〕 지름 19cm(모티브 포함)

뜨개질 포인트   장식 모티브 ❶~⓬는 도안의 배치를 참조해 *87* 모티브와 *91* 모티브를 교대로 뜨면서 연결한다. 중심의 본체 모티브는 실 끝으로 원형 고리를 만들어 뜨기 시작하여 도안대로 11단을 뜨고, 12단에서 먼저 뜬 모티브들과 연결하면서 뜬다.

모티브 연결 방법 (p.43 참조)
고리에서 바늘을 빼고 연결할 코의
머리 사슬에 바늘을 끼운 다음
쉬어 두었던 고리를 바늘 끝에 걸어 빼낸다

※ 장식 모티브는 ❶~⓬의 순서로 뜬다

장식 모티브 도안은 모두 p.81 참조

91 모티브 6장

87 모티브 6장

본체 모티브

연결 위치

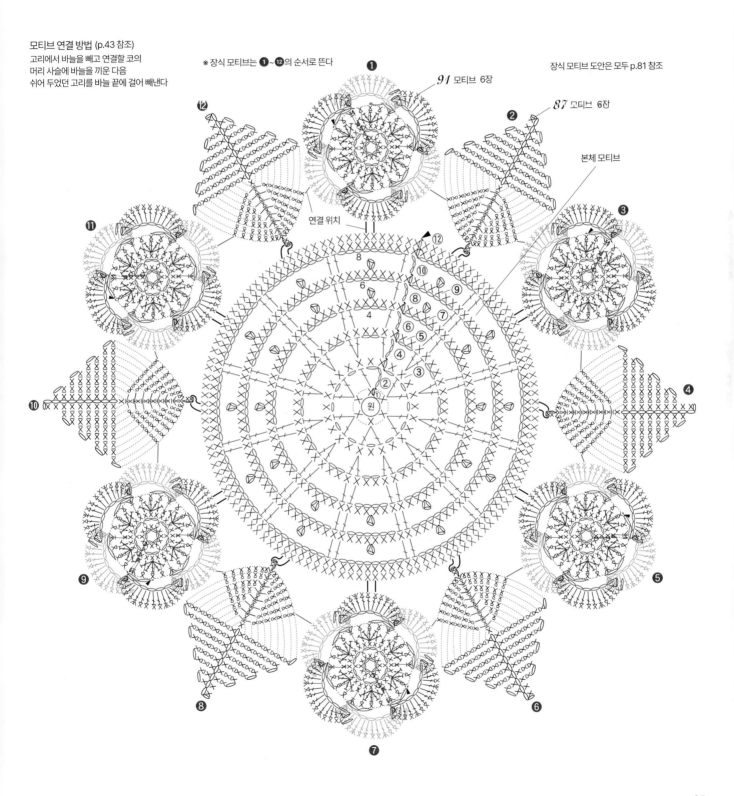

85

파우치 만들기 — Photo / p.6 작품22 모티브 사용 (P.52)

〔실〕 DMC 세베리아 20번 / 미색(ECRU)…27g
〔기타〕 새틴 리본(1cm 폭·연핑크)…80cm
〔바늘〕 레이스용 코바늘 4호
〔사이즈〕 가로 15cm×세로 19.5cm

뜨개질 포인트 작품22의 도안을 참조해 모티브를 8장 뜨고 4장씩 연결하여 본체 2장(앞판과 뒤판) 만든다. 본체의 지정된 위치에 실을 새로 연결해 테두리를 1단 뜨고 이어서 무늬뜨기를 왕복뜨기로 13단 뜬다. 본체 2장을 맞대고 입구를 제외한 둘레를 감친다. 도안(p.87)을 참고해 끈 장식을 2장 뜬다. 새틴 리본을 40cm로 잘라 2개의 리본 끈을 만들고, 본체의 무늬뜨기 6단에 리본 끈을 끼운 다음 리본 끈을 끈 장식과 연결(연결 방법은 p.87 참조)한다.

||||| … 감치기 위치. 모티브는 바깥쪽 반 코를 주워 감치며 연결한다(p.95 참조)

끈❶ 통과 위치
끈❷ 통과 위치

본체

무늬뜨기

★
☆
⑬
⑩
⑤
①
① 테두리

본체 뒤판에 끼워지는 끈(★)
본체 앞판에 끼워지는 끈(☆)

※ 본체 2장을 맞대고 감친다

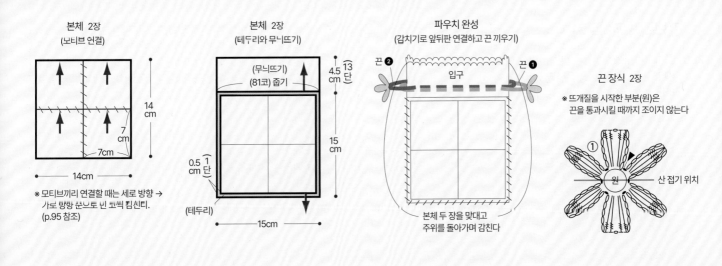

본체 2장
(노티브 연결)

14cm
14 cm
7 cm
7cm

※ 모티브끼리 연결할 때는 세로 방향 →
가로 방향 순으로 빈 코씩 집신다.
(p.95 참조)

본체 2장
(테두리와 무늬뜨기)

(무늬뜨기)
(81코) 줍기
4.5 cm 13단
0.5 1 cm 단
(테두리)
15 cm
15cm

파우치 완성
(감치기로 앞뒤판 연결하고 끈 끼우기)

끈 ❷   입구   끈 ❶

본체 두 장을 맞대고
주위를 돌아가며 감친다

끈 장식 2장
※ 뜨개질을 시작한 부분(원)은
끈을 통과시킬 때까지 조이지 않는다

① 원 ── 산 접기 위치

리본 끈 끼우고 끈 장식과 연결하기

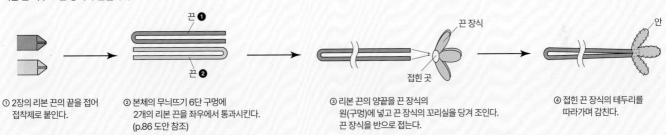

끈 ❶
끈 ❷

안

① 2장의 리본 끈의 끝을 접어
접착제로 붙인다.

② 본체의 무늬뜨기 6단 구멍에
2개의 리본 끈을 좌우에서 통과시킨다.
(p.86 도안 참조)

③ 리본 끈의 양끝을 끈 장식의
원(구멍)에 넣고 끈 장식의 꼬리실을 당겨 조인다.
끈 장식을 반으로 접는다.

④ 접힌 끈 장식의 테두리를
따라가며 감친다.

토트백 만들기 → Photo / p.5 작품 14 모티브 사용 (P.51)

〔실〕 DMC 세베리아 10번 / 오프화이트(3865) … 62g
〔바늘〕 레이스용 코바늘 2호
〔사이즈〕 가로 20cm×세로 20.5cm(손잡이 제외)

뜨개질 포인트 작품 14의 도안을 참조해 모티브를 8장 뜨고 4장씩 연결하여 본체를
2장(앞판과 뒤판) 만든다. 본체 2장을 맞대고 입구를 제외한 둘레를 감친다. 도안을 참고
해 입구 부분에 테두리를 5단 뜬다. 손잡이는 기초코 사슬로 뜨기 시작하여 4단으로 뜬
다 (총 2장). 본체의 지정된 위치 안쪽에 손잡이를 고정하여 마무리한다.

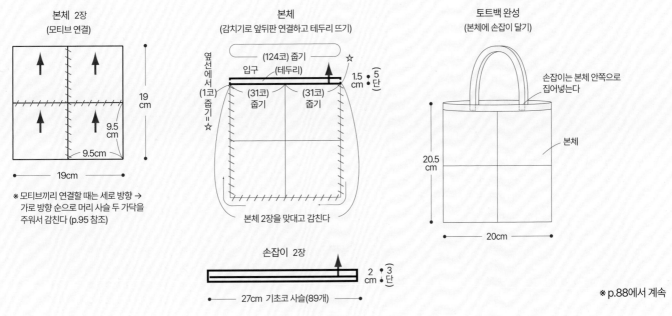

본체 2장
(모티브 연결)

19cm
19 cm
9.5 cm
9.5cm

※ 모티브끼리 연결할 때는 세로 방향 →
가로 방향 순으로 머리 사슬 두 가닥을
주워서 감친다 (p.95 참조)

본체
(감치기로 앞뒤판 연결하고 테두리 뜨기)

옆선에서
(1코)
줍기
☆

(124코) 줍기
입구   (테두리)
(31코) 줍기   (31코) 줍기
1.5 cm 5단
☆

본체 2장을 맞대고 감친다

손잡이 2장

2 cm 3단
27cm 기초코 사슬(89개)

토트백 완성
(본체에 손잡이 달기)

손잡이는 본체 안쪽으로
집어넣는다

본체

20.5 cm

20cm

※ p.88에서 계속

손잡이 2장

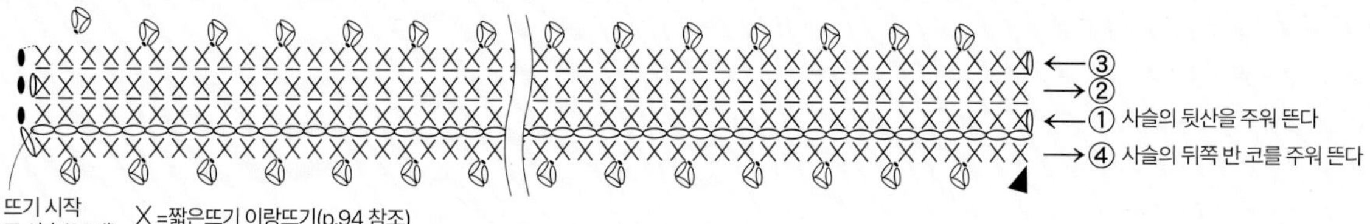

③ ←
② →
① → 사슬의 뒷산을 주워 뜬다
④ → 사슬의 뒤쪽 반 코를 주워 뜬다

뜨기 시작
기초코 사슬(89개)

✕ =짧은뜨기 이랑뜨기(p.94 참조)

║║║║ … 감치기 위치
본체 2장을 맞대고 머리 사슬 전체를
주워 감친다.

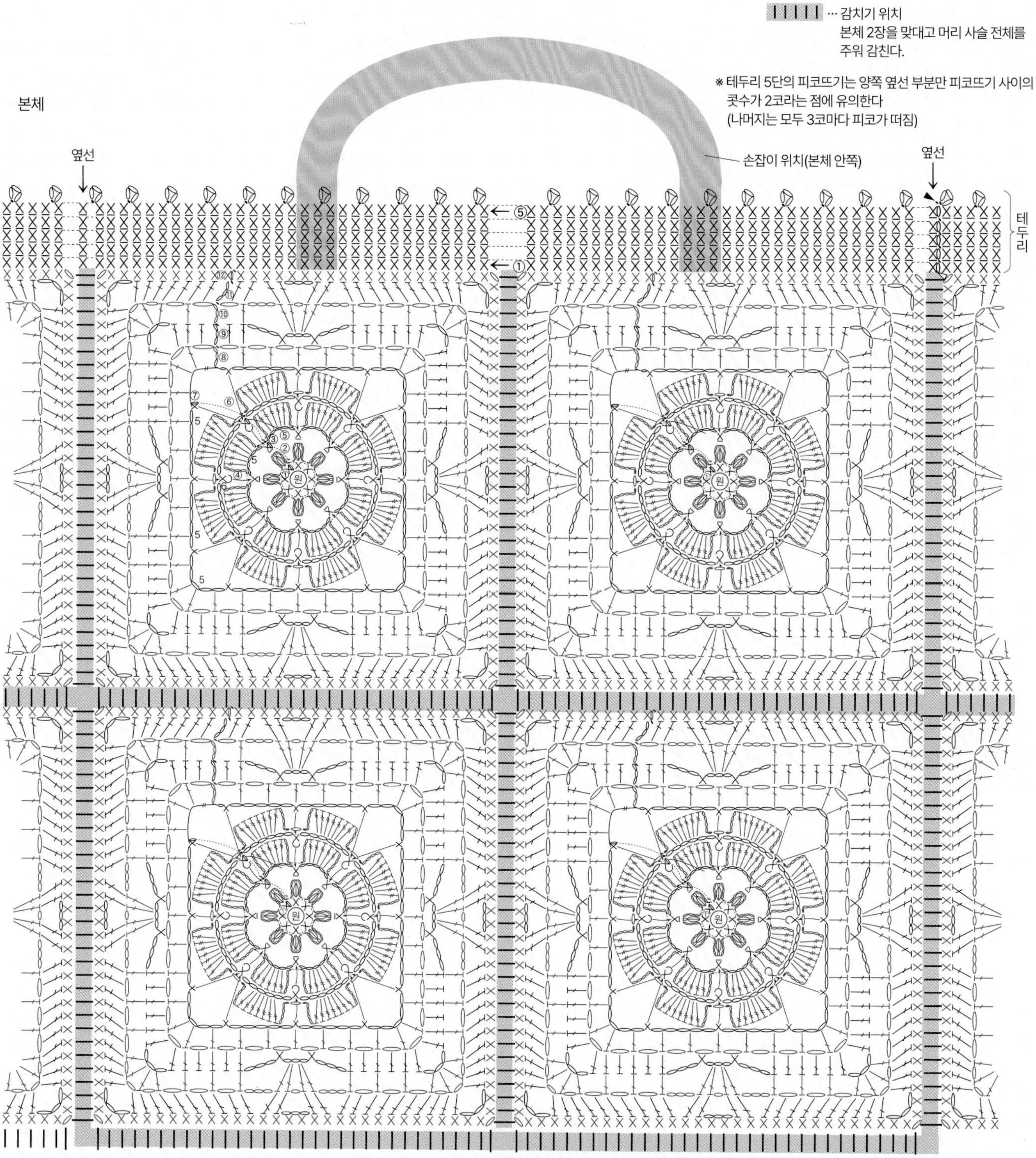

※ 테두리 5단의 피코뜨기는 양쪽 옆선 부분만 피코뜨기 사이의
콧수가 2코라는 점에 유의한다
(나머지는 모두 3코마다 피코가 떠짐)

본체

옆선

옆선

손잡이 위치(본체 안쪽)

테
두
리

⑤ ←
① →

88

숄 만들기 → Photo / p.4 작품 41 모티브 사용 (P.60)

〔실〕DMC 세베리아 10번
미색(ECRU)…80g, 오프화이트(3865)…55g
〔바늘〕레이스용 코바늘 2호
〔사이즈〕가로 102cm×세로 42cm

뜨개질 포인트 작품 41의 도안을 참조해 실 끝으로 원형 고리를 만들어 뜨기 시작하고 배색을 바꾸면서 6단까지 뜬다. 총 40개의 모티브를 뜨되 2번째 모티브부터는 마지막 단에서 인접하는 모티브와 빼뜨기로 연결(p.43 참조)하며 뜬다. 연결된 모티브 본체의 지정된 위치에 실을 새로 연결하고 가장자리를 둘러가며 테두리를 1단 뜬다.

본체
(모티브 연결)

(테두리)
오프화이트

※ 모티브는 ①~⑩의 순서로 뜬다

모티브 배색표

단수	색
6	오프화이트
4·5	미색
2·3	오프화이트
1	미색

모티브 연결 방법 (p.43 참조)
●——=화살표 끝의 사슬을 감싸서 뜬다

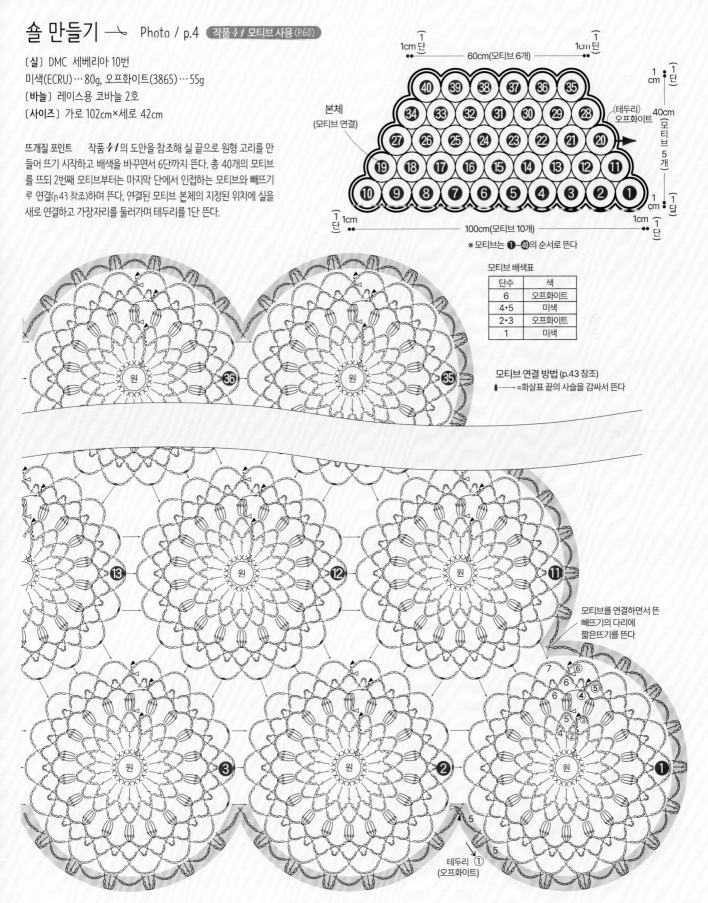

모티브를 연결하면서 뜬 빼뜨기의 다리에 짧은뜨기를 뜬다

테두리 ①
(오프화이트)

89

쿠션 커버 만들기 → Photo / p.7 작품 48 모티브 사용 (P.63)

〔실〕 DMC 세베리아 10번 / 오프화이트(3865)…153g,
연베이지(3033)…33g
〔기타〕 쿠션(40×40cm)…1개, 지름 2cm 단추(흰색)…5개,
재봉실(흰색)…적당량
〔바늘〕 레이스용 코바늘 2호
〔사이즈〕 가로 45cm×세로 45cm

뜨개질 포인트 작품 48의 도안을 참조해 실 끝으로 원형 고리를 만들어 뜨기 시작하여 11단까지 뜬다. 총 16개 모티브를 뜨되 2번째 모티브부터는 마지막 단에서 인접하는 모티브와 연결하며 뜬다. 같은 방법으로 16개 모티브로 이루어진 연결 모티브를 하나 더 떠서 본체를 2장(앞판과 뒤판) 만든다. 본체 각각의 가장자리를 따라 테두리 A를 3단 뜬 다음, 본체 2장을 맞대고 테두리 B의 1단을 뜨되 입구 부분은 앞판 쪽만 주워 뜬다. 계속해서 테두리 B를 4단까지 뜬다. 단추 고리는 앞판 쪽 지정된 위치 안쪽 5군데에 실을 연결하여 뜨고, 단추는 뒤판 쪽 지정된 위치 겉쪽에 바느질한다.

본체 2장
(모티브 연결)

↑b ❹	↑a ❸	↑b ❷	↑a ❶
↑a ❽	↑b ❼	↑ ❻	↑b ❺
↑b ⓬	↑a ⓫	↑b ❿	↑a ❾
↑ ⓰	↑b ⓯	↑a ⓮	↑b ⓭

40cm / 40cm / 10cm / 10cm

※ 모티브는 ❶~⓰ 순으로 뜬다

모티브 a(오프화이트)…16개
모티브 b 배색표…16개

단수	색
10·11	연베이지
4~9	오프화이트
1~3	연베이지

본체 2장
(테두리 A 뜨기)

(테두리A) 오프화이트 0.5 cm 3단

(10 사슬) 줍기=☆ ☆

41cm

★

(40 사슬) 줍기=★

41cm

※ 본체(앞판과 뒤판)에 각각 테두리 A를 3단 뜬다

본체 2장
(테두리 B 뜨기)

입구 부분은 앞판의 코만 주워서 뜬다 (도안 참조)

본체(뒤판)

(42 사슬) 줍기=◎

(테두리B) 오프화이트 2 cm 4단

앞판과 뒤판을 맞대서 테두리 B를 뜬다

※ 뒤판 → 앞판 순서로 테두리 A를 뜨고, 앞판 테두리 A를 다 뜨면 뒤판과 맞대고 앞판과 뒤판의 코를 함께 주워 테두리 B의 1단을 뜬다. 이때 입구 부분은 앞판의 코만 주워 뜬다. 계속해서 테두리 B의 2~4단을 뜬다

쿠션 커버 완성하기
(입구 쪽에 단추 고리와 단추 달기)

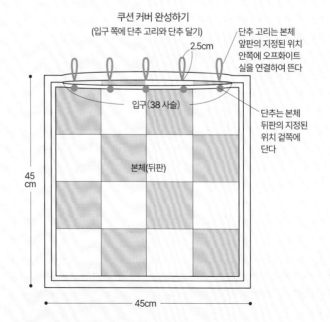

2.5cm

단추 고리는 본체 앞판의 지정된 위치 안쪽에 오프화이트 실을 연결하여 뜬다

입구(38 사슬)

단추는 본체 뒤판의 지정된 위치 겉쪽에 단다

45cm

본체(뒤판)

45cm

모티브 연결 방법 (p.43 참조)

●→ = 화살표 끝의 사슬을 감싸서 빼뜨기 한다
●→ = 화살표 끝의 먼저 뜬 ●의 다리를 주워 빼뜨기 한다

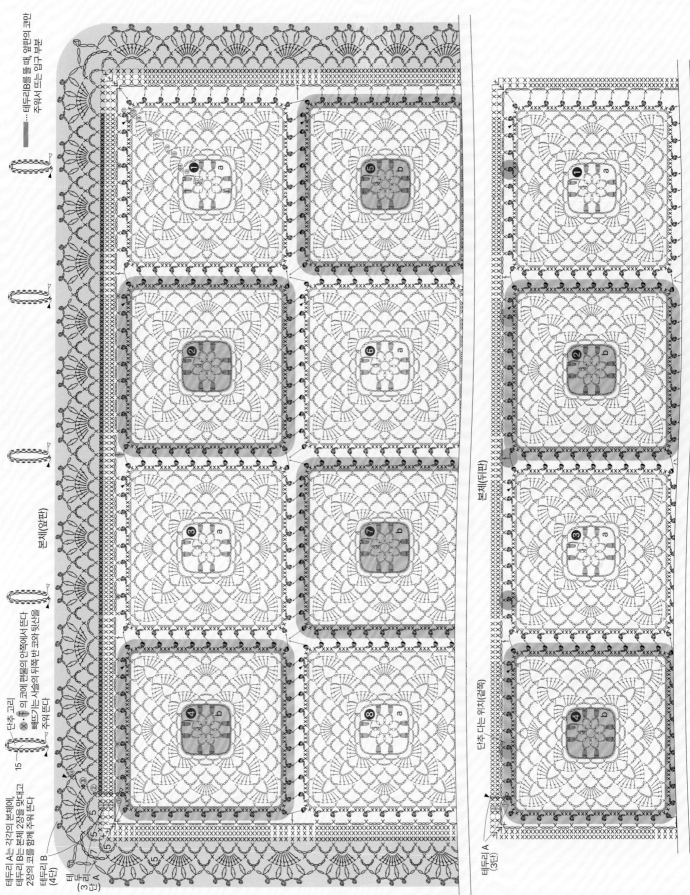

코바늘뜨기의 기초
~ Crochet Basics ~

도안 보는 법

도안은 모두 겉에서 본 기호로 표시되어 있다. 원형뜨기로 뜨는 레이스뜨기에서는 앞/뒤걸어뜨기 외에는 겉(앞)과 안(뒤)의 구분이 필요 없다. 그리고 겉과 안을 번갈아 보면서 뜨는 왕복뜨기의 경우에도 기호 표시는 동일하다.

사슬 보는 법

사슬에는 겉과 안이 있다. 안쪽에 1가닥이 나와 있는 곳을 사슬의 '뒷산'이라고 부른다.

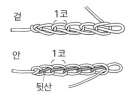

원형뜨기

실 끝으로 원형 고리를 만들거나, 기초코 사슬을 만들어 중심에서 1단씩 원을 그리며 뜬다. 단의 시작 부분에 기둥코를 뜨고, 기본적으로 편물의 겉을 보면서 도안은 오른쪽에서 왼쪽 방향으로 읽으며 떠 나가면다

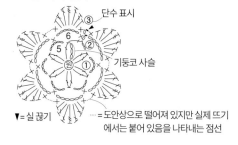

▼ = 실 끊기   ⌐⌐⌐ = 도안상으로 떨어져 있지만 실제 뜨기에서는 붙어 있음을 나타내는 점선

왕복뜨기(평면뜨기)

좌우에 기둥코가 위치하는 것이 특징으로, 오른쪽에 기둥코가 있을 경우 편물의 겉쪽을 보면서 뜨고 도안은 오른쪽에서 왼쪽 방향으로 읽는다. 왼쪽에 기둥코가 있을 경우 안쪽을 보면서 뜨고 도안은 왼쪽에서 오른쪽 방향으로 읽는다. 예시 도안은 3단에서 배색 실로 바꾼 상태.

▼ = 실 끊기   ▽ = 실을 새로 연결

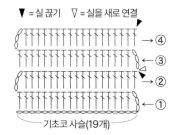

실과 바늘 잡는 법

1 실 끝을 왼손 새끼손가락과 약손가락 사이에 뒤에서 앞으로 끼우고, 집게손가락 위로 걸쳐 실 끝이 앞쪽에 늘어지게 한다.

2 엄지손가락과 가운뎃손가락으로 실 끝을 잡고 집게손가락을 세워 실을 팽팽하게 당긴다

3 바늘을 엄지손가락과 집게손가락으로 잡고 가운뎃손가락을 바늘 끝에 가볍게 댄다.

시작코 만드는 법

1 바늘을 실 뒤로 넣고 화살표 방향대로 바늘 끝을 회전시킨다.

2 화살표 방향대로 바늘을 움직여 바늘 끝에 실을 건다.

3 바늘을 당겨 바늘이 걸려 있던 고리 사이로 뺀다.

4 실 끝을 당겨 조이면 시작코가 만들어진다. (이 코는 콧수로 세지 않는다.)

기초코 만드는 법

실 끝으로 원형 고리 만들기

1 왼손 집게손가락에 실을 2번 감아 원형 고리를 만든다.

2 고리 안에 바늘을 넣고 화살표 방향대로 바늘 끝에 실을 걸어 앞으로 당겨 뺀다.

3 바늘 끝에 실을 걸고 끄집어내어 기둥코를 만든다.

4 1단은 고리 안에 바늘을 넣어 필요한 수의 짧은뜨기를 뜬다.

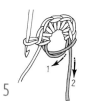

5 처음에 만든 고리 실(1)과 실 끝(2)을 당겨 조인다.

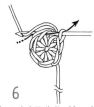

6 1단의 끝에서는 첫 코의 머리 사슬에 바늘을 넣고 실을 걸어 뺀다(= 빼뜨기).

사슬로 원형 기초코 만들기

1 필요한 수의 사슬을 뜨고, 첫 번째 사슬의 두 가닥 사이에 바늘을 넣고 실을 걸어 당겨 뺀다.

2 바늘 끝에 다시 실을 걸어 실을 끄집어낸다. 이것이 기둥코 사슬 1개가 된다.

3 사슬뜨기로 만들어진 원 안에 바늘을 넣고 사슬을 감싸며 짧은뜨기를 뜬다.

4 단의 끝에서는 첫 코의 머리 사슬에 바늘을 넣고 실을 걸어 뺀다(= 빼뜨기).

사슬로 기초코 만들기(왕복뜨기 기초코)

1 필요한 수의 사슬과 기둥코 사슬(1개)을 뜬 다음 끝에서 두 번째 사슬에 바늘을 넣는다.

2 바늘 끝에 실을 걸어 뺀 다음 다시 바늘에 실을 걸어 바늘에 걸린 고리를 모두 빼낸다(= 짧은뜨기).

3 1단을 뜬 상태. 처음에 뜬 기둥코 사슬 1개는 코로 세지 않는다.

같은 구슬뜨기라도 기호에 따라 코를 줍는 방법이 달라진다. 기호의 아래쪽이 닫혀 있는 경우에는 전단의 코(머리 사슬 아래)나 사슬의 2가닥 사이에 바늘을 넣어 뜨고, 기호의 아래가 열려 있는 경우에는 전단의 사슬을 감싸서 뜬다.

코에 뜬다

1   2

사슬을 감싸서 뜬다

1   2

◯ **사슬뜨기**

1 시작코를 만들고 화살표와 같이 바늘에 실을 건다.

2 바늘에 건 실을 끄집어낸다.

3 같은 동작을 반복한다.

4 사슬뜨기 5코 완성

● **빼뜨기**

1 전단의 코(머리 사슬 아래)에 바늘을 넣는다.

2 바늘 끝에 실을 건다.

3 실을 끌어 당겨 한 번에 뽑아낸다.

4 빼뜨기 1개 완성

✕ **짧은뜨기**

1 전단의 코(머리 사슬 아래)에 바늘을 넣는다.

2 바늘 끝에 실을 걸고 앞으로 끌어낸다. (이 상태를 '미완성 짧은뜨기'라고 한다.)

3 바늘 끝에 실을 걸고 바늘에 걸린 고리까지 총 2개의 고리를 한 번에 빼낸다.

4 짧은뜨기 1코 완성

┬ **긴뜨기**

1 바늘 끝에 실을 걸고, 전단의 코(머리 사슬 아래)에 바늘을 넣는다.

2 바늘 끝에 실을 걸고 앞으로 끌어낸다. (이 상태를 '미완성 긴뜨기'라고 한다.)

3 바늘 끝에 실을 걸고 바늘에 걸린 고리까지 총 3개의 고리를 한 번에 빼낸다.

4 긴뜨기 1코 완성

╤ **한길긴뜨기**

1 바늘에 실을 1번 감고 전단의 코에 바늘을 넣은 다음, 다시 바늘 끝에 실을 걸고 실을 앞으로 끌어낸다.

2 화살표와 같이 바늘 끝에 실을 걸어 고리 2개를 빼낸다. (이 상태를 '미완성 한길긴뜨기'라고 한다.)

3 다시 바늘 끝에 실을 걸어 나머지 2개의 고리를 모두 빼낸다.

4 한길긴뜨기 1코 완성

╤ **두길긴뜨기**   ╤ **세길긴뜨기**

※ ( ) 안은 세길긴뜨기 경우의 횟수
※ 지정된 뜨개에 맞게 실을 감는 횟수를 정하고 이후 같은 요령으로 뜬다.

1 바늘에 실을 2(3)번 감고 전단의 코에 바늘을 넣은 다음 바늘 끝에 실을 걸어 실을 앞으로 끌어낸다.

2 화살표처럼 바늘 끝에 실을 걸어 고리 2개를 빼낸다.

3 2와 같은 동작을 총 2(3)회 반복한다.

4 두길긴뜨기 1코 완성

🝙 **한길긴뜨기 3코 구슬뜨기**

※ 두/세/네길긴뜨기 3/4코 구슬뜨기의 경우 같은 요령으로 해당 뜨개의 미완성 뜨기를 3/4번 뜨고 바늘에 걸린 고리를 모두 빼낸다.

1 전단의 코에 미완성 한길긴뜨기를 1번 뜬다.

2 같은 코에 바늘을 넣고 미완성 한길긴뜨기를 2번 더 뜬다.

3 바늘 끝에 실을 걸어 바늘에 걸려 있는 고리를 모두 빼낸다.

4 한길긴뜨기 3코 구슬뜨기 완성

짧은뜨기 2코 모아뜨기   짧은뜨기 3코 모아뜨기   ※ ( ) 안은 3코 모아뜨기의 경우

1 전단의 코에 바늘을 넣고 실을 걸어 뺀다.

2 다음 코에도 바늘을 넣고 실을 걸어 뺀다. (3코 모아뜨기의 경우 한 번 더 반복)

3 바늘 끝에 실을 걸고 바늘에 걸린 고리 3(4)개를 한꺼번에 빼낸다.

4 짧은뜨기 2코 모아뜨기 완성. 전단보다 1(2)코가 줄어든다.

 짧은뜨기 2코 늘려뜨기   짧은뜨기 3코 늘려뜨기

1 전단의 코에 바늘을 넣어 짧은뜨기를 1코 뜬다.

2 같은 곳에 바늘을 넣어 짧은뜨기를 한 번 더 뜬다. (= 짧은뜨기 2코 늘려뜨기)

3 전단보다 1코가 늘어난다. 여기서 같은 코에 짧은뜨기를 한번 더 뜬다.

4 짧은뜨기 3코 늘려뜨기를 뜬 상태. 전단보다 2코가 늘어난다.

 한길긴뜨기 2코 모아뜨기

1 미완성 한길긴뜨기(p.93) 1코를 뜨고, 바늘에 실을 감아 다음 코에 바늘을 넣고 실을 걸어 뺀다.

2 바늘 끝에 실을 걸고 바늘에 걸린 고리 2개를 빼내어 두 번째도 미완성 한길긴뜨기를 뜬다.

3 바늘 끝에 실을 걸고 바늘에 걸린 고리 3개를 모두 빼낸다.

4 한길긴뜨기 2코 모아뜨기 완성. 전단보다 1코가 줄어든다.

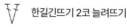 한길긴뜨기 2코 늘려뜨기

1 전단의 코에 한길긴뜨기 1코를 뜨고, 바늘에 실을 감아 같은 코에 바늘을 넣고 실을 걸어 뺀다.

2 바늘에 실을 걸고 바늘에 걸린 고리 2개를 빼낸다.

3 다시 바늘에 실을 걸고 나머지 고리 2개를 빼낸다.

4 전단의 1코에 한길긴뜨기를 두 번 뜬 상태. 전단보다 1코가 늘어난다.

 짧은뜨기 줄기뜨기   ※ 매단 같은 방향으로 뜨는 원형뜨기의 경우에 해당
※ 짧은뜨기가 아닌 다른 뜨개의 줄기뜨기도 같은 요령으로 뒤쪽 반 코를 주워 뜨면 된다.

1 편물의 겉을 보고 뜬다. 단의 끝에서 첫 코에 빼뜨기를 한다.

2 기둥코 사슬 1개를 뜨고, 빼뜨기 했던 코의 머리 사슬 뒤쪽 반 코를 주워 짧은뜨기를 뜬다.

3 같은 방법으로 머리 사슬 뒤쪽 반코를 주우며 계속해서 짧은뜨기를 뜬다.

4 짧은뜨기 줄기뜨기로 3단을 뜨고 있는 상태. 전단의 앞쪽 반 코가 줄기처럼 이어져 보인다.

 짧은뜨기 이랑뜨기   ※ 매단 뜨개질의 방향이 달라지는 왕복뜨기의 경우에 해당
※ 짧은뜨기가 아닌 다른 뜨개의 이랑뜨기도 같은 요령으로 뒤쪽 빈 코를 주워 뜨면 된다.

1 전단의 코 머리 사슬에 화살표와 같이 바늘을 넣어 뒤쪽 반 코를 줍는다.

2 짧은뜨기를 뜨고 다음 코도 같은 방법으로 뒤쪽 반 코를 줍는다.

3 끝까지 뜨고 나서 편물을 돌린다.

4 볼록하게 올라온 이랑과 같은 형태가 나타난다. 계속해서 같은 요령으로 뜬다.

 3-사슬 빼뜨기 피코   ※사슬 개수가 다른 경우에도 같은 요령으로 사슬을 뜨는 횟수만 변경해서 뜨면 된다.

1 짧은뜨기를 뜬 다음 사슬을 3개 뜬다.

2 화살표와 같이 짧은뜨기 머리 사슬 반 코와 다리 1가닥에 바늘을 넣는다.

3 바늘 끝에 실을 걸고 끌어 당겨 바늘에 걸린 고리까지 한꺼번에 빼낸다.

4 3-사슬 빼뜨기 피코 완성

 한길긴뜨기 5코 팝콘뜨기   ※다른 뜨개의 콧수가 다른 팝콘뜨기의 경우에도 같은 요령으로 해당 뜨개를 뜨는 횟수만 변경해서 뜨면 된다.

1 전단의 같은 코에 한길긴뜨기를 5번 한 후, 바늘을 뺏다가 화살표와 같이 바늘을 넣는다.

2 바늘 끝에 쉬어 두었던 고리를 걸고 그대로 끌어낸다.

3 사슬을 1개 뜨고 조인다.

4 한길긴뜨기 5코 팝콘뜨기 완성

짧은뜨기 앞걸어뜨기

*왕복뜨기의 경우 편물의 안쪽(뒷면)을 보고 뜨면 결과적으로 뒤걸어뜨기가 된다.

1
전단의 짧은뜨기 다리에 화살표와 같이 앞쪽에서 바늘을 넣는다.

2
바늘 끝에 실을 걸고 짧은뜨기할 때보다 실을 길게 당겨 뺀다.

3
다시 바늘 끝에 실을 걸어 바늘에 걸린 고리 2개를 모두 빼낸다.

4
짧은뜨기 앞걸어뜨기 1코 완성

짧은뜨기 뒤걸어뜨기

*왕복뜨기의 경우 편물의 안쪽(뒷면)을 보고 뜨면 결과적으로 앞걸어뜨기가 된다.

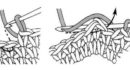
1
전단의 짧은뜨기 다리에 화살표와 같이 뒤쪽에서 바늘을 넣는다.

2
바늘 끝에 실을 걸고 당겨서 화살표처럼 실을 끌어낸다.

3
짧은뜨기할 때보다 실을 길게 당기고 다시 실을 걸어 바늘에 걸린 고리 2개를 모두 빼낸다.

4
짧은뜨기 뒤걸어뜨기 1코 완성

한길긴뜨기 앞걸어뜨기

*다른 뜨개의 앞걸어뜨기의 경우에도 같은 요령으로 바늘을 넣어 해당 뜨개를 뜨면 된다.

당겨뺀 실

1
바늘에 실을 감고 전단의 한길긴뜨기 다리에 화살표와 같이 앞쪽에서 바늘을 넣는다.

2
바늘 끝에 실을 걸고 실을 길게 당겨 뺀다.

3
다시 바늘 끝에 실을 걸어 고리 2개를 빼낸다. 한 번 더 바늘 끝에 실을 걸어 고리 2개를 빼낸다.

4
한길긴뜨기 앞걸어뜨기 1코 완성

한길긴뜨기 뒤걸어뜨기

*다른 뜨개의 뒤걸어뜨기의 경우에도 같은 요령으로 바늘을 넣어 해당 뜨개를 뜨면 된다.

1
바늘에 실을 감고 전단의 한길긴뜨기 다리에 화살표와 같이 뒤쪽에서 바늘을 넣는다.

2
바늘 끝에 실을 걸고 당겨서 화살표처럼 실을 끌어낸다.

3
실을 길게 당기고 다시 바늘 끝에 실을 걸어 고리 2개를 빼낸다. 한번 더 실을 걸어 고리 2개를 빼낸다.

4
한길긴뜨기 뒤걸어뜨기 1코 완성

감치기

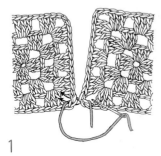
1
겉이 보이도록 두 장의 모티브를 맞대고 머리 사슬 2가닥을 주워 실을 당긴다. 시작과 끝의 모서리 부분은 2번 감친다.

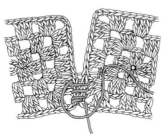
2
한 번에 1코씩 주우며 감치기 한다.

3
모서리까지 감치기 한 상태

반 코 감치기

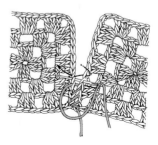
겉이 보이도록 두 장의 모티브를 맞대고 각 모티브의 뒤쪽 반 코를 주워 감치기 한다. 시작과 끝의 모서리는 2번 감친다.

스트라이프 무늬 뜨는 방법
(원형뜨기의 단의 끝에서 실을 바꾸는 법)

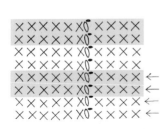

b색
쉬는 실
a색

1
단의 마지막 짧은뜨기를 할 때 쉬는 실(=뜨던 실, a색)을 그림과 같이 바늘에 걸쳐두고, 바꿀 실(=뜰 실, b색)을 바늘 끝에 걸고 당겨서 끝까지 끌어낸다.

2
a색 실이 b색 실 위에 걸쳐져서 편물 뒤로 넘어가 있다. a색 실은 쉬어 놓고, 첫 번째 짧은뜨기 머리 사슬에 b색 실로 빼뜨기를 한다.

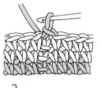
3
빼뜨기 한 상태.

4
기둥코 사슬 1개를 뜨고 짧은뜨기를 떠 나간다.

작고 예쁜 크로셰 레이스 모티브 100

1판 1쇄 펴냄   2025년 1월 10일

지은이   일본보그사
펴낸이   정현순
인쇄   ㈜한산프린팅

펴낸곳   ㈜북핀
등록   제2021-000086호(2021. 11. 9)
주소   경기도 부천시 조마루로385번길 92
연락처   전화 032-240-6110 / 팩스 02-6969-9737

ISBN 979-11-91443-32-5 13630
값 18,000원

파본이나 잘못 만들어진 책은 구입하신 서점에서 바꾸어 드립니다.

STAFF

책 디자인   아베 유키코
촬영   코즈카 교코(작품사진·실 견본)
       혼마 노부히코(따라하기 과정, 실 타래, 도구 견본)
스타일링   스즈키 아키코
디자인&메이킹   가와이 마유미(토트백·14~17), 엔도 히로미(숄·40~43), 세리자와 케이코(쿠션·44~47·52~55·75~76), 마츠모토 가오루(83~100), 구리하라 유미(토트백 메이킹), 기타오 레이스 어소시에이츠(1·32-간케 미에코, 2·62·71-사카이 유코, 3·24-고리 유키 메구미, 4·35-가마타 넨다이, 5·13·23-스도 히로코, 6·50·77-사이토 게이코, 7·63-엔도 가즈코, 8·67-하라구치 가즈에, 9-와다 노부코, 10·25-진보 유코, 11~12·60·70-다카하시 사다코, 18·27-이우라 나나, 19·37·61-하나시마 기요코, 20·78·81-스즈키 구미, 21-하사키 노리코, 파우치·22·49·82-후카자와 마사코, 26-구시베 에미, 28·31·80-스즈키 세이하, 29~30-오카노 사오리, 33·39-슈다이 가오리, 34·38-니시와키 미사, 36·51·56·59-나리카와 아키코, 48·57·64-요코야마 쇼코, 58·65-타카하시 사유리, 66·69-타다 요코, 68-무라타 코즈에, 72-이치하리 마키, 79-오카노 사오리)

뜨개질 방법   나카무라 요코
해설·도안
프로세스 협력   가와이 마유미
뜨개질 방법 교열   사사키 하츠에
기획·편집   E&G 크리에이츠 (우에다 카스미)
촬영협력   AWABEES, UTUWA, CARBOOTS, finestaRt, piika
실 제공   디엠씨 주식회사(http://www.dmc.com)